15살이 쓴
미국 유학 도전기

15세 소녀, 나 홀로 미국 유학가다

플랫폼연구소

나는 오늘도 성장하며 더 큰 세상을 경험한다

"할 수 있거나 꿈꿀 수 있는 게 무엇이든 당장 시작하라. 대담성에는
천재성과 힘과 마법이 들어 있다."

독일 문학을 한 단계 이상 발전시킨 위대한 작가 괴테의 말
이다. 괴테의 이 말처럼 나는 생애 최초로 담대하게 도전하고
시작하여 그 속에 숨겨져 있는 힘과 마법을 경험했다. 이 책
은 바로 그 힘과 마법에 대한 책이다. 나는 15세의 어린 나이
에 나 홀로 미국 유학을 시작하여, 상상도 할 수 없던 성장을
했고, 삶을 경험했다. 이제부터 그 이야기를 하려고 한다.

나는 오늘도 도전한다. 도전은 많은 위험 요소를 가지고 있
다. 그렇기에 많은 사람들이 두려워한다. 나 역시 처음에는
그랬다. 하지만 그것을 이겨내고 난 뒤 성장이라는 힘과 마법

을 경험하게 되었다. 도전은 내 인생을 바꿨다.

이 책은 15세 소녀의 나 홀로 미국 유학 도전기다. 이 책에는 많은 시간과 노력이 담겨 있으며, 내 인생을 바꾼 터닝포인트인 유학 도전 이야기가 담겨 있다. 미국에 가본 적이 없는 사람도 이 책을 읽고 나면 미국에 갔다 온 느낌이 들 것이다. 내가 미국에 가서 느꼈던 감정과 직접 겪었던 경험들을 고스란히 담았기 때문이다.

이 책의 핵심 내용은 "유학이라는 큰 도전으로 지극히 평범했던 15세 소녀의 인생이 달라졌다"이다. 나는 15살이라는 어린 나이에 혼자 외국에 유학을 갔다. 많은 경험을 했고 많은 배움도 있었다. 물론 고난도 겪었지만 그것은 성장을 위한 성장통이었다.

나는 원래 다른 사람들이 하는 만큼만 하면 된다고 생각하는 사람이었다. 그 이상도 그 이하도 아니었다. 노력하고 싶지 않았다. 나의 의지는 게으름을 이기지 못했다. 나의 게으름을 합리화시켰던 것 같다. 많은 사람 역시 나와 같은 생각을 가지고 있을 것이다.

하지만 지금은 달라졌다. 문득 "피할 수 없으면 즐겨라"

라는 말이 떠올랐다. 모두 다른 생각을 가진 77억 9,479만 8,739명의 인구가 사는 지구에서 안정을 찾기란 불가능하다. 차라리 모래 속에서 바늘 찾기가 더 쉽다. 그래서 나는 매일 도전하고 있다.

도전을 통해 얻은 교훈이 있다. 과거에 얽매이기보단 실패와 직면해라. 과거는 바꿀 수 없기 때문에 남는 것은 후회뿐이다. 하지만 실패를 직면하는 순간 우리는 달라진다. 용기 있는 마음가짐이 우리 삶의 원동력이 되어 줄 것이다. 그러니 100번을 넘어져도 101번을 일어날 용기를 가지고 한 발자국 더 나아가라.

이 책의 앞부분에는 미국 유학에 대한 경험과 유학 팁, 그리고 나의 미국 유학 일상이 담겨 있다. 중간 부분에서는 미국 유학을 통해 얻은 교훈과 배움, 성장을 이야기한다. 마지막 부분은 내가 유학을 하면서 계속 쓴 일기들을 담았다. 처음에는 한글로 나의 감정을 솔직하게 썼다가 점차 영어로 쓰기 시작한다. 일기에는 생생한 미국 유학 스토리가 담겨 있다. 나 홀로 미국 유학을 하는 15세 소녀가 실제로 쓴 일기다.

지금 이 순간, 유학을 고민하는 이들에게는 앞부분을 읽기를 추천한다. 인생의 위로와 배움을 얻고자 하는 분들이라면 중간 부분에 더 마음이 갈 것이다. 뒷부분에서는 유학 생활에서 오는 감정과 영어 쓰기 실력이 점점 느는 모습을 생생하게 느낄 수 있다. 한 권의 책에 여러 재미있는 요소가 들어 있다.

이 책을 읽고 많은 사람이 내가 겪은 도전과 모험, 성장과 경험을 함께 느꼈으면 좋겠다. 그런 의미에서 때로는 밤을 새가면서까지 열심히 이 책을 썼다. 참고로 글 쓰는 것부터 시작해서 디자인까지 모두 내 손을 거치지 않은 것이 없다. 그래서 더 뜻깊은 책이다.

이 책이 당신의 인생을 변화시켜 주었으면 좋겠다.

_ 김하은

○ lIST ○

미국 유학은 내 인생 최고의 모험

나를 바꾼 미국 유학 이야기

미국 유학을 꿈꾸는 청소년에게

생애 최초의 미국 유학 일기 (한국어 & 영어)

제 1 부

. . . .

15세 소녀,
홀로 미국 유학을 떠나다

여기가 미국 뉴욕인가요?

미국하면 흔히 미국 드라마를 먼저 떠올린다. 가장 쉽게 접하기 때문이다. 하이틴 미드를 본 적이 있다면, 미국 생활을 적어도 한 번씩은 꿈꿔 봤을 것이다. 나는 15살이라는 어린 나이에 그 꿈을 의도치 않게 이뤘다.

뉴욕, 이름만 들어도 가슴이 두근거리는 도시. 그 도시에 평범한 15살 한국 소녀가 홀로 유학을 하게 되었다. 이제부터 나의 유학 이야기를 솔직담백하게 전하고자 한다.

처음에 나는 엄마에게 유학 제의를 받았다. 그때는 어려서 아무 생각이 없었다. 그리고 유학에 대해 생각해 본 적도 없었다. 한편으로는 나라마다 생활 방식이 약간씩 다르지만 어느 나라든 사는 방식은 비슷할 것이라고 생각했다. 그래서 큰 도전이었지만 거부감은 없었다.

나는 어린 나이임에도 불구하고 부모님의 영향으로 넓은 마인드를 가지고 있었다. 그래서 유학이란 결정을 더 쉽게 내릴 수 있었다. 가도 좋고 안 가도 좋았다. 하지만 미국에 간다면 더 많은 성장을 할 수 있을 것 같은 예감이 들었다.

아빠는 걱정을 많이 하셨다. 내가 어렸기 때문이다. 우리 가족은 내가 다닐 학교에 가서 안전부터 시작해 하나하나 다 체크를 했다. 그리고 모든 것을 답사한 뒤 안심했다. 미국을 탐방한 후, 아빠는 뉴욕의 매력에 빠진 것 같았다. 이렇듯 미국 뉴욕은 한번 빠지면 헤어나올 수 없는 매력을 가지고 있다.

그때까지 나는 가족에게 많은 사랑을 받는 일이 당연한 일이라고 생각했다. 다른 친구들의 삶에 관해 잘 몰랐기 때문이다. 나이를 먹고 나서 가족들이 나를 정말 아껴 주었고 내가 사랑을 많이 받고 자랐다는 것을 깨달았다.

빈말이 아니라 진심으로 나는 아빠, 엄마를 존경하고 사랑한다. 부모님은 나에게 큰 축복이며, 벅찬 분이다. 왜냐하면 우리 부모님은 정말 훌륭하신 분이기 때문이다. 지금 이 글을 쓰면서도 우리 가족에게 정말 고맙다는 생각이 든다.

미국에 처음 갔던 때는 오래돼서 기억이 잘 나지 않는다. 하지만 생각하다 보면 퍼즐을 맞추듯이 기억이 날 것 같다. 나는 먼저 가족들과 미국 탐방을 했다. 자유의 여신상도 보고, 브로드웨이, 타임 스퀘어, 브루클린 브리지, 센트럴 파크

등에 갔다. 정말 안 가본 곳이 없을 정도로 많은 곳을 투어했다. 가족사진도 많이 찍었다. 미국은 아무렇게나 사진을 찍어도 뉴욕의 감성이 담겨 멋있게 나온다.

여기서 잠깐! 미국의 도시에 대해 이해하기 쉽게 설명하자면, 미국의 뉴욕은 한국의 서울이라고 보면 된다. 뉴욕의 맨해튼은 서울의 홍대라고 할 수 있다. 특히 맨해튼은 사람들이 정말 많고 다들 바빠 보였다. 그래서 다른 세계에 온 느낌이었다. 센트럴 파크는 정말 넓다. 걸어도 걸어도 끝이 없다.

자유의 여신상을 본 기분은 말로 표현할 수가 없다. 자유의 여신상을 보고 나서 항구 앞에서 파는 아이스크림을 먹었던 기억이 아직도 난다. 그때 아이스크림을 시키는데 동생이 나에게 영어를 잘한다고 칭찬해 주었다. 그리고 부모님이 뿌듯해하셨다. 그래서 나도 기분이 좋았다.

가족들과 미국에 온 가장 중요한 이유는 내가 다닐 학교를 답사하기 위함이었다. 나는 부모님께 정말 고마웠다. 그리고 내가 축복받은 사람이라는 생각이 들었다. 나는 항상 가족들과 함께 있을 때 자신감을 얻는다.

미국에는 다양한 사람이 많은 만큼 다양한 재능을 가진 친구들도 많다. 그 친구들을 보면 간접적으로 동기부여가 된다. 나도 그 덕분에 다양한 것들을 시도할 수 있었다. 그리고 선의의 경쟁에 대해서도 배웠다.

다시 잠깐! 미국 생활을 맛보기로 들여다보면, 미국은 한국보다 물가가 비싸다. 2020년 기준으로 1달러가 1,200원 정도다. 개인적인 생각으로 달러가 원화보다 편하다. 하지만 미국 동전은 한국 동전보다 종류가 많아 헷갈린다.

미국 동전에는 ¢1, ¢5, ¢10, ¢25, ¢50, ¢100가 있다. 이 중에 가장 자주 쓰는 것은 ¢25(25센트)다. 나머지는 거의 쓸 일이 없다. 참고로 100센트는 1달러이다.

미국 음식의 양은 한국과 확연히 다르다. 피자를 먹어도 미국 피자의 1조각이 한국 피자의 3조각 정도다. 피자 맛은 한국이 훨씬 더 다양하다. 방학 때 한국에 오면 미국 피자가 가끔씩 생각난다.

또, 지금은 흔히 알려지긴 했는데 뉴욕 타임스퀘어 같은 곳에서는 사진을 찍어 주겠다고 접근하는 특별한 복장의 사람을 경계해야 한다. 함께 사진을 찍어 주고 나서 돈을 내라는 경우가 많기 때문이다. 특히 스파이더맨 복장을 조심해야 한다.

예전에 나는 미국 유학을 생각조차 해본 적이 없었다. 아마 미국과 한국의 거리가 멀어서인 것 같다. 이때까지만 해도 틀에 갇혀 살아온 것이다. 하지만 미국에 오고 난 뒤 엄청나게 많은 것을 배웠다. 솔직히 한국에서는 밤늦게까지 학원에 다녀서 힘들었다. 아마 모든 한국 학생이 공감할 것이다. 하지만 미국은 교육 환경이 훨씬 더 자유롭고 학업 스트레스도 적다. 이것이 나의 첫 유학 소감이다.

구체적인 이야기는 뒤에서 자세히 다룰 것이다. 이야기는 이제 시작이다.

한국과 너무나 다른 미국의 학교!

한국에서 없던 학구열이 미국 학교에 오면서 생겼다. 나는 지금 열심히 살고 있다. 학교 활동이나 숙제 같은 나에게 주어진 일들을 열심히 하려고 노력하기 때문이다. 한국 학교에서도 열심히 하려고 노력했었다. 하지만 마음처럼 잘되지 않았다. 한국 교육 시스템이 나와 맞지 않았던 것 같다.

한국에서는 대학 입학도 멀게만 느껴졌다. 책임감이 아닌 의무감으로 학원을 다녔다. 나의 책임은 그걸로 다한 것이라고 자기합리화를 했다. 점수는 나의 책임이 아닌 학원의 책임이라고 생각했다.

한국에서는 진짜 인생의 목적이 없었다. 아는 것이 없었기 때문이다. 고학년이 될수록 희망도 사라져 갔다. 하지만 미국에서는 조금 달랐다. 무언가를 임하는 자세부터 다른 느낌이들었다.

미국 교육 시스템은 한국과 전혀 달랐다. 학생들에게 왜

공부를 해야 하는지 알려 주고 확실한 동기 부여를 해주었다. 본인이 왜 공부를 해야 하는가를 확실히 아는 사람과 그렇지 못한 사람의 격차는 엄청나다.

한국에서는 희망도 길도 보이지 않았다. 하지만 미국에서는 조금만 노력해도 희망과 함께 다양한 길들이 보였다. 이 계기를 통해 공부의 자신감을 얻었다. '이렇게 공부하면 되는구나!'라는 생각도 들었다.

유학하기 전에 유학 생활이 궁금해 만능 답변을 주는 네이버와 호기심 천국인 유튜브에 검색을 해본 적이 있다. 그런데 우연히 이런 내용들을 보게 되었다. '향수병', '적응을 못하는 친구들도 있어서 다시 돌아온다', '유학 슬럼프'…. 그래서 가기 전에 걱정을 많이 했었다. 그런데 나의 걱정과는 다르게 좋았다.

미국 학교에 처음 갔을 때, 설렘 반 걱정 반이었다. 모든 것이 새로워서 긴장을 많이 했었고, 쉽지만은 않았다. 처음에는 아는 친구도 없어서 조금 외롭기도 했다. 하지만 다양한 나라의 친구들을 처음 만났음에도 불구하고 거리낌이 전혀 없었다. 오히려 신이 났다.

인사도 먼저 하려고 노력하고 친구들과 사진도 많이 찍었다. 학교생활은 재미있었다. 처음에 여기 와서 5kg 정도 살이 쪄서 깜짝 놀랐다. 유학 초에는 이상하게 밥을 먹어도 계속 배가 고팠다. 한창 클 시기이고 음식들이 새로워져서 입맛이 돋았던 것 같다.

지금 와 생각해 보면 그때 어떻게 그렇게 많이 먹었는지 싶다. 지금은 6kg 정도 다시 살이 빠졌기 때문이다. 처음에는 뷔페 못지않게 잘 나왔지만 지금은 매일 비슷한 메뉴들이 나온다. 음식의 퀄리티도 조금 떨어진 것 같다.

요즘은 주말마다 줄넘기를 한다. 한번 할 때마다 1,000개씩 하려고 노력하고 있다. 자주하지 못하기 때문이다. 우리 학교에는 매주 화요일마다 요가 동아리가 열린다. 이 동아리를 통해 요가의 매력에 빠졌다.

미국 유학에 대한 나의 의견은 아주 좋다. 왜냐하면 매일이 도전이기 때문이다. 다양한 경험은 보너스이다. 나는 미국의 학업 시스템이 마음에 든다. 모두에게 동등한 기회를 주고 마음껏 도전할 수 있다. '공부만' 해야 하는 한국의 시스템과는 다르다.

나는 오히려 미국 학교에 와서 공부도 더 많이 하기 시작했고, 책임감이 생겼다. 혼자서 모든 것을 주도적으로 결정하고 지내야 했기 때문인 것 같다. 미국 학교는 무엇보다 나에게 독립심과 책임감을 심어 주었다. 미국 유학을 통해서 내가 자기성찰 능력이 높다는 새로운 정보도 알게 되었다.

한국은 입시 공부가 청소년기의 전부다. 이에 따라 청소년기에 남는 것은 공부밖에 없다. 그래서 공부를 못하는 학생들은 잘하는 것이 있어도 절망하기 십상이다. 하지만 미국은 좋아하는 일을 더 중요하게 생각한다. 그것을 바탕으로 다양한 인생 공부를 하게 해준다. 우리의 생각을 존중해 주는 것이다. 이것은 미래에 엄청난 차이를 가져온다.

미국은 열심히 노력하는 사람들을 위한 곳이다. 용기를 가지고 도전하면 그만큼 다양한 기회가 생긴다. 하지만 내가 생각하기에 한국은 길이 하나뿐이다. 좋은 대학에 입학하는 것 외에는 희망이 없다. 기본적으로 미국은 생각의 영역이 자유롭다. 만약 내가 미국 사람으로 태어났다면 학창 시절에 학업 스트레스를 받지 않았을 것이다. 여기는 관점 자체가 다르다. 공부보다는 운동과 관계를 더 중요시한다.

미국 부모님들은 한국 부모님들이 책상에 앉아 하는 공부를 칭찬하듯 운동이나 동아리 활동을 잘하는 것을 매우 기뻐하고 자랑스러워하신다. 이 점을 통해 틀에 갇혀 있던 나의 생각이 바뀌었다. 우리 부모님도 미국식 오픈 마인드를 가지고 계신다. 그래서 내가 하고 싶은 것이 무엇이든 나를 믿고 지지해 주신다. 항상 감사하다.

내가 다니는 학교는 기숙사 학교다. 학교 바로 앞에 산이 있고, 기숙사 앞에 호수도 있고, 고라니와 다람쥐도 살고 있다. 자연으로 둘러싸여서 숨만 쉬어도 건강해지는 기분이 든다. 주말에는 아침 운동을 하러 자주 산에 오른다. 항상 느끼는 점이지만 미국이라 그런지 모든 장소가 확실히 크고 넓다.

미국에서의 삶은 매일매일이 새롭다. 한국에서는 절대 상상도 못할 일들이 미국에서는 일상처럼 일어나기 때문이다. 예를 들면, 한국의 길고양이처럼 미국에서는 고라니와 다람쥐를 흔하게 볼 수 있다.

또, 미국에 와서 생긴 나의 취미는 밤에 별을 보는 것이다. 한국에서는 미세 먼지 때문에 밤에 별을 보기가 거의 불가능하다. 그런데 여기는 날씨가 나쁘지만 않으면 별이 엄청나게 잘 보인다. 미국 밤하늘은 별자리도 자주 보여 준다. 나는 아직도 미국 하늘을 처음 보았던 날의 느낌을 잊을 수 없다.

우리 학교에서는 매주 금요일마다 액티비티를 제공하는데, 참여하고 싶은 사람은 이름만 적으면 된다. 나는 유학 초에

액티비티로 볼링장에 갔다가 밤 9시쯤 학교 버스를 타고 기숙사에 도착했고, 친구들과 기숙사로 걸어가던 도중에 우연히 밤하늘을 보게 되었다.

바로 처음 별을 보게 된 계기이다. 그 밤하늘은 여태껏 봐 온 밤하늘 중에 최고였다. 그래서 더 잊을 수 없고 기억에 남는다. 그때 나는 별자리도 봤었는데, 처음에는 그 사실을 몰랐다. 친구가 알려 줘서 알게 되었다.

미국에서는 마음껏 비를 맞아도 된다. 미세 먼지가 없고 공기가 좋으며, 산성비가 아니기 때문이다. 비를 맞아도 머리카락이 빠질 걱정이 없다. 그래서 많은 친구들이 비가 와도 우산을 잘 안 쓰고 다닌다. 어떤 친구는 비 맞는 것을 좋아한다고까지 했다. 한국에서는 흔하지 않은 광경이라 신기했다.

진짜 글로벌이 이런 거군요!

미국에 와서 가장 먼저 든 생각은 "엄청나게 넓다"였다. 이 곳에서 지내다가 방학 때 한국에 가면 한국이 정말 좁게 느껴진다. 마치 고등학교에 다니다 중학교를 방문한 느낌이다. 미국은 집 옆에 슈퍼마켓이 아닌 산이 있다. 그래서 처음에 미국에 왔을 때 정말 신기했다.

물론 가끔 넓은 점이 단점일 때도 있다. 미국에서는 슈퍼에 가려면 항상 차를 타야 한다. 학교에서 가장 가까운 마트도 걸어서 15분 정도 걸린다. 그래서 학교 버스를 운행한다. 그 마트에 우리 학교 학생들이 자주 가는데 다양하고 많은 것을 판다. 크기는 한국의 대형 마트 정도 되는 것 같다.

나는 국제학교에 다니는데, 미국에 와서 다양한 나라의 사람을 만났다. 거의 전 세계 학생들을 만난 것 같다. 문화가 하나부터 열까지 다른 나라도 있었고, 비슷한 나라도 있었다. 이 경험을 통해 문화의 다양성을 쉽게 이해했다.

정말 놀랐던 에피소드 중에 하나는 학교 선생님께서 20개 국어를 하신다는 것이었다. 처음에는 장난치시는 줄 알았다. 그런데 다양한 나라의 학생들과 자유롭게 대화하는 것을 보고 장난이 아니었다는 사실을 깨달았다.

국제학교에서 지내다 보면 재미있는 재능 하나를 얻을 수 있다. 그것은 사람의 얼굴을 보면 어느 나라 사람인지 대충 짐작할 수 있다는 것이다. 하지만 가끔 혼혈의 경우처럼 정말 헷갈리는 사람도 있다.

나는 여기 와서 의도치 않게 다양한 나라의 언어도 조금씩 습득했다. 자주 들어서 익숙해지기 때문이다. 지금은 5개 국의 인사말 정도는 자연스럽게 하는 수준이 되었다. 만약 지하철에서 외국인이 질문하는 상황이 와도 당황하지 않고 능숙하게 대처할 수 있다.

언어 환경은 룸메이트의 영향을 가장 크게 받는다. 나의 경우는 룸메이트가 중국인이다. 그래서 실생활에 쓰이는 중국어나 일상어를 자연스럽게 습득하게 되었다. 보통 인사 다음에 일상어를 습득한다. 일상어는 학생들이 자주 쓰는 말이기 때문에 의지와 상관없이 반복학습이 된다.

다른 나라 말을 할 줄 알면 좋은 점이 많다. 특히 중국인은 어느 곳에 가나 많다. 그래서 무슨 외국어를 배워야 할지 고민 중이라면 중국어를 추천한다. 하지만 모국어만 잘해도 생활하는 데 지장은 없다. 그래서 미국에서는 영어만 잘 챙기면 된다.

국제학교에서는 자신이 어떤 언어의 억양을 잘하는지 자연스럽게 깨달을 수 있다. 많은 나라의 학생과 지내다 보면 각 나라의 언어를 자주 듣기 때문이다. 그것을 자연스럽게 따라 하다 보면 그중에 내가 잘 구사하는 억양을 발견한다. 나는 베트남어의 억양을 현지인처럼 따라할 수 있다.

활동적이지 않은 성격 때문에 유학을 망설이는 학생들에게 해주고 싶은 말은 "일단 시도해라. 그러면 후회는 없다. 후회는 자신의 결정에 달렸다"이다. 내가 이 말을 할 수 있는 이유는 처음부터 지금까지 직접 겪어 왔고 앞으로도 이 생활을 겪어 갈 것이기 때문이다. 참고로 모든 경험에는 배움이 있다. 발전은 자신의 몫이다.

글로벌한 학교에서 지내다 보면 마인드도 글로벌해진다. 쉽게 말해 '생각의 폭'이 넓어진다. 다양한 나라의 문화를 많이 접함으로써 쉽게 이해하고 빨리 받아들일 수 있게 된다.

국제 학교에 다니다 보면 다양한 나라의 사람, 누구를 처음 보더라도 전혀 거리낌이 없다. 다양한 나라의 사람을 일상에서 매일 만나기 때문이다. 기본적으로 적응 능력이 향상된다. 그래서 새로운 나라에 가도 적응은 문제없다.

확실히 미국에서는 한국보다 훨씬 많은 기회가 주어진다. 하지만 그 기회를 어떻게 활용하는지가 관건이다. 같은 기회를 받고도 아무 준비 없이 놓치는 사람이 있는 반면 그 기회로 승승장구하는 사람도 있다.

나는 어릴 때는 다양한 분야에 관심이 없었다. 하지만 지금은 내 삶과 다양한 분야가 직접적으로 연결되어 있다. 친구들이 세계 각국에 있어서 학교에서 함께 생활하는 친구와 어떤 분야가 관련되어 있을 수도 있기 때문이다. 그래서 일부러 관심을 두지 않더라도 다양한 분야에 관심이 저절로 생긴다. "아는 것이 힘이다"라는 명언이 있듯이 유학은 나 스스로에게 좋은 경험이자 다양한 세계를 알아갈 수 있는 기회가 되었다.

또, 나는 이제는 도전을 즐기는 사람이 되었다. 실패를 두려워하지 않고 직면하는 법을 배웠다. 사람들이 도전을 꺼려하는 가장 큰 이유는 바로 실패이다. 하지만 나는 이곳에서 새로운 나라와 새로운 사람을 자주 대면한다. 이를 통해 매일 도전하는 삶을 산다는 느낌을 많이 받는다. 그래서 도전하는 것에 적응이 되었다.

물론 나도 처음 도전할 때는 실패에 대한 걱정과 두려움이 있었다. 하지만 그 걱정도 직면한 자만이 이겨낼 수 있다고 마음먹는 순간 극복할 수 있었다. 그러니 당신도 나처럼 충분히 극복할 수 있다. 왜냐하면 인생은 생각하고 마음먹는 대로 이루어지기 때문이다.

미세 먼지도 없네요

미세 먼지가 없다는 점은 미국이 좋은 이유 중 하나이고 강점이다. 사소한 것 같지만 이것이 우리에게 생각보다 많은 긍정적인 영향을 끼친다. 사소한 것 하나에서 불편함은 시작되기 때문이다.

코로나 전에는 나는 미국 사람이 마스크를 쓰고 다니는 모습을 단 한 번도 본 적이 없다. 부럽기도 했고 한편으로는 미세먼지 때문에 마스크를 쓰고 다녀야 하는 한국이 안타까웠다. 지구라는 같은 행성에 살지만 나라마다 상반된 생활 환경을 지녔음이 신기하고 흥미로웠다.

한국에서 살 때는 하늘이 항상 미세 먼지로 덮여 있어서 제대로 별을 본 적이 없다. 앞서 말했듯, 미국에서 밤하늘의 별을 처음 제대로 봤을 때의 기분은 잊을 수 없다. 모든 걱정과 근심이 사라지고 모든 것이 별것 아닌 듯이 느껴지는 평온함이 있었다. 마치 꿈속에 들어온 기분이었다.

미국은 날씨가 흐리지 않는 이상 별이 잘 보인다. 보통 별자리도 같이 보인다. 이제 내게 별 보는 일은 하나의 취미이자 힐링 방법이 되었다. 흔하지 않은 취미인 만큼 나에게 더 특별하고 소중하다.

만약 누군가 '방학 때 한국에 와서 가장 그리운 것은?'이라고 질문한다면 '밤하늘의 별'이라는 답변이 가장 먼저 튀어나올 것이다. 마치 미국에서 한국의 음식이 그리운 것처럼. 나에게 별 보는 일은 소중한 추억 중에 하나이다. 그래서 소중한 사람들에게도 이것을 소개해 주고 싶다.

또, 미국의 풍경은 항상 예술이다. 사진을 막 찍어도 잘 나온다. 미세 먼지가 없어서 먼 곳까지 뚜렷하게 나온다. 특히 노을이 지는 모습은 정말 최고이다. 사진작가가 되고 싶은 분들이라면 도움이 될 것이다. 왜냐하면 한 장소에서 다양한 배경으로 사진 찍는 일이 가능하기 때문이다. 나는 한국에서도 풍경 사진 찍기를 좋아했다. 미국에 와서 풍경 사진의 양이 배로 늘었다. 그래서 사진 기기의 용량이 부족할 때도 많았다. 참고로 밤하늘의 별은 휴대폰 카메라에 담기지 않는다. 그 점이 가장 아쉽다.

미국에서는 미세 먼지가 없어서 마음껏 비를 맞아도 된다.

산성비를 맞아서 대머리가 될 걱정은 하지 않아도 된다. 비 오는 어느 날, 한 친구가 비를 맞고 있었다. 그래서 우산을 씌어 주려고 했다. 그런데 그 친구가 비 맞는 것을 좋아해서 괜찮다고 했다. 그것은 신선한 충격을 주었고 이내 궁금증도 풀렸다.

여기서는 비 오는 날 사람들이 우산을 잘 쓰지 않는다. 처음에는 귀찮아서인 줄로만 알았다. 하지만 미세 먼지가 없는 것도 하나의 이유였다. 요즘에는 나도 우산을 잘 쓰지 않는다. 알고 나니 확실하게 이해가 되었다.

나는 바람 쐬기를 좋아한다. 한국에서는 미세 먼지가 심한 날이면 밖에도 못 나가고 창문도 열지 못해서 답답했다. 하지만 미국에서는 미세 먼지 때문에 걱정할 필요가 없다. 그래서 바람 쐬는 일을 좋아하는 사람이 살기에 아주 적합하다.

일단 미세 먼지가 없어서 학교 근처를 걷기만 해도 상쾌해지는 기분이다. 공기만 마셔도 몸과 마음이 맑아지는 느낌이다. 그래서 미국에서는 운동 겸 산책을 자주 한다.

그중에서도 가장 좋아하는 것은 고요한 이른 아침에 학교 앞 산을 산책하는 것이다. 공기도 좋고 경치도 좋아서 아무것도 하지 않아도 힐링이 된다. 요즘처럼 바쁜 시대에는 주변의

많은 것들을 통해 힐링을 한다. 하지만 자연이 주는 힐링과
는 비교할 수 없다.

자연은 우리에게 아무 대가 없이 많은 것을 준다. 하지만
우리는 익숙함에 속아 소중함을 깨닫지 못한다. 그래서 우리
가 하루라도 빨리 그 사실을 깨닫고 관심을 기울여야 한다고
생각한다. 그래야 더 오래 건강한 자연을 유지할 수 있고, 그
자연이 더 오래 우리 곁에 남을 수 있기 때문이다.

학교에 고라니와 다람쥐가 있어요

미국에서는 항상 자연과 하나가 된 기분이 든다. 어딜 가나 멋진 자연을 만나기 때문이다. 그래서 정서에도 좋은 것 같다. 다양한 것을 체험할 수 있다. 한국에서는 자연 간접경험을 했었다면 이곳에서는 직접경험이 가능하다.

우선, 한국의 길고양이처럼 여겨지는 고라니와 다람쥐를 볼 수 있다. 처음에는 감탄사밖에 안 나왔다. 상상치도 못한 일이었기 때문이다.

그럴 수밖에 없는 것이 한국에서는 다람쥐와 마주치기가 쉽지 않다. 그래서 예전에는 어쩌다 다람쥐를 마주치면 동심으로 돌아간 기분이 들었다. 나는 가족과 등산할 때 가끔 다람쥐와 마주치곤 했다. 그때마다 동생과 신나 한 경험이 있다.

그래서 미국에서 다람쥐를 자주 마주치니 놀람의 연속이었다. 고라니도 마찬가지이다. 보통 한국에서는 다람쥐보다 고라니가 더 보기 힘들다. 산속에서 고라니 표지판을 본 것이 전부였다. 하지만 미국에서는 이른 아침이나 저녁때, 쉽게 볼 수 있다.

미국에 처음 왔을 때 동물원에 온 줄 알았다. 동물을 좋아하는 사람에게 미국은 천국이다. 하루에도 몇 번씩 의도치 않게 동물을 만난다. 동물원에 갈 필요가 없다. 왜냐하면 집 앞의 산이 바로 동물원이기 때문이다.

동물과 자주 마주치기 때문에 며칠만 지나면 동물에게 친근한 마음이 들 것이다. 나도 그랬다. 그리고 곧 적응되고 익숙해진다. 인간의 무엇에든 곧잘 적응하는 특성이 신기할 따름이다. 이 특성은 많은 편리함을 제공한다.

부지런한 사람은 더 다양한 동물을 자주 볼 것이다. 동물들은 사람을 피해 이른 아침에 자주 출몰한다. 내가 주말 아침, 일찍 산책하러 나오면 고라니와 다람쥐가 아침 인사를 하듯 나를 반겨 준다. 밥을 먹다가 고개를 돌려도 고라니와 다람쥐가 놀고 있다. 산책을 하다가도 오리 떼를 볼 수 있다. 수업 시간에 창문을 봤는데 오리 떼가 마실을 나왔다. 학교 근처 마트에서는 바닷가를 가야만 볼 수 있던 갈매기 떼도 봤다.

어떤 날은 아침 운동을 하다 쿼카 비슷한 동물을 봤다. 다람쥐치곤 크기가 크다고 생각했는데 다람쥐가 아니었다. 다시 생각해도 신기한 동물이었다. 마치 영화 〈아이스 에이지〉에 나올 법한 비주얼이었다.

이 모든 것은 정말 좋은 신호이다. 미국의 생태계가 그만큼 깨끗하다는 뜻이기 때문이다. 이제는 갑자기 나타나는 동물들에 제법 익숙해졌다. 그래서 갑자기 나타나도 놀라지 않는다. 적응이 된 것 같다. 다람쥐를 마주쳐도 별 감흥이 없다. 그냥 '귀엽다'라는 생각만 든다. 고라니도 마찬가지다. 마주치면 서로 놀라지만, 이내 각자 제 갈 길을 간다.

나는 동물들을 좋아한다. 보고만 있어도 기분이 좋아진다. 하지만 벌레는 무서워한다. 참고로 미국 벌은 엄청 크다. 미국의 일반 벌이 한국 일반 벌의 2배이다. 일반 벌이 거의 한국의 말벌 수준이다. 그래서 미국에서 야외 활동을 할 때는 항시 조심하는 것을 권유한다.

다행히 기숙사에는 벌레가 많이 나타나지 않는다. 기숙사에서 지내면서 봤던 벌레들은 기껏해야 무당벌레, 개미, 나방 등이다. 벌레들은 보통 창문을 통해 들어오는 것 같다. 그래서 항상 창문을 열 때는 방충망을 잊지 않고 친다.

동물을 크게 좋아하지 않는 사람도 미국에서 지내다 보면 동물들과 자연스럽게 친해질 것이다. 정이 들고 익숙해지기 때문이다. 거부감이 사라진다. 미국은 주변에 숲과 나무가 정말 많다. 미국에서 살면 자연과 친해지고, 또 자연과 더불어 살기에 건강하고 장수할 것 같다.

제 2 부

유학 생활은
나를 알아 가는 멋진 도전과 성장이다

미국 유학 생활을 한마디로?

이 세상에서 정의를 내릴 수 있는 것은 수학밖에 없다고 생각한다. 왜냐하면 세상에는 생각과 자유가 존재하기 때문이다. 하지만 정의가 아닌 비유를 하는 일은 가능하다. 비유는 현상을 이해하는 데 많은 도움을 준다.

미국 유학 생활을 한마디로 하면 '도전'이다. 도전으로 시작해서 도전으로 끝나기 때문이다. 그리고 도전은 지금까지도 계속되고 있다. 그렇다고 해서 끝이 없는 것은 아니다. 그것은 자신의 결심에 달렸다. 너무 지쳤다면 도전을 잠깐 멈춰도 괜찮다.

아는 사람 없는 타지로의 유학 결정이 쉬운 일은 아니다. 그때는 잘 몰랐다. 그래서 용감할 수 있었다. 지금 생각해 보면 물론 유학은 행운이었다. 나의 인생이 완전히 바뀌었기 때문이다. 만약 실패의 두려움 때문에 유학을 결정하지 못했다면, 나의 청소년기에 얻은 것이 없었을 것이라고 말해도 과언이 아니다. 그 정도로 나에게 유학은 값진 인생의 모험이었다. 그리고 도전할 가치는 충분하다.

예전에는 지금에 비해 비전 없이 살았다. 좋아하는 것도 없었고, 좋아한다는 게 무엇인지도 알지 못했다. 지금은 하고 싶은 것이 많아서 문제이다. 더 나아가 거기서 그치는 것이 아니라 이제는 직접 도전한다.

나는 미국 유학을 통해 많이 성장했다. 많은 것을 경험하고 그것을 토대로 많은 것을 배웠다. 이제는 삶에 대해 진정성 있고 깊은 생각을 할 수 있게 되었다. 많은 성장을 원한다면 많은 도전이 답이다. 나는 고난의 깊이가 성장의 깊이와 비례한다고 생각한다. 고난의 깊이가 깊을수록 자신의 내면과 더 가까워지기 때문이다. 〈손자병법〉에서 "나를 알고 남을 알면 백번 싸워도 위태롭지 않다"고 말했듯이, 나를 먼저 알아야 흔들림 없는 사람이 될 수 있다.

성장을 위해 성장통은 꼭 필요하다. 바뀌기 위해서는 원래의 것을 버려야 하기 때문이다. 원래의 것을 버리는 것은 쉽지 않다. 이미 적응되어서 새로운 것보다 훨씬 익숙하기 때문이다. 하지만 장담하건대 포기하지만 않으면 당신은 더 어려운 일도 충분히 해낼 수 있다.

여기서 '성장한다'는 의미에 대해 다시 한번 생각해 볼 필요가 있다. 나는 유학하기 전에 한국에 있었을 때는 내가 성장했다고 느낀 적이 없었다. 기회가 주어진 적이 없었기 때문이다. 그럼에도 불구하고 기회를 발 벗고 찾아 나서지 못했다. 한국식 마인드처럼 아직 어려서 아무것도 하지 못할 거라고 생각했기 때문이다.

그때는 내 삶의 주도권을 가진 사람이 내가 아니었다. 하지만 지금은 나에게 있다. 이제는 기회가 오기만을 기다리지 않고 내가 먼저 도전할 일을 찾아 나선다.

아직 좋아하는 일을 찾지 못했더라도 노력으로 매일 다른 삶을 살고 있다. 이것은 '도전'을 의미한다. 나는 이 점에서 스스로에게 뿌듯함을 느낀다. 쉽지 않은 일이라는 것을 알면서도 도전을 서슴지 않기 때문이다.

이제 나는 끊임없이 도전하는 사람이 후회 없는 인생을 산다고 생각한다. 왜냐하면 도전의 실패는 다른 평범한 실패와 크기가 다르기 때문이다. 도전을 하는 것 자체만으로 엄청난 용기를 얻는다. 실제로 도전에는 그만큼의 용기가 필요하기 때문이다.

그렇다고 도전을 못하겠다고 자책해서도, 도전을 많이 한다고 자만해서도 안 된다. 사람마다 살아온 삶의 환경과 주변 영향에 따라 인생의 속도가 다르기 때문이다. 그러니 당장 도전이 어렵다면 '아직 때가 아니'라고 생각해라.

이 고민 때문에 당장 힘든 사람이 있다면 시간이 도와줄 것이라고 말해 주고 싶다. 그리고 이미 대단하다고 말해 주고 싶다. "시작이 반"이라는 말이 있듯이 고민을 시작했다는 것은 이미 50%는 해냈다는 뜻이기 때문이다. 그러니 용기를 잃지 말고 끝까지 시도해 냈으면 좋겠다.

둥지를 나온 아기 새처럼

나는 어릴 때부터 걱정이 많은 아이였다. 그래서 부모님께 "~했는데도 만약 못하면 어떡해?"라는 질문을 자주 하곤 했다. 그럴 때마다 부모님은 항상 "괜찮아, 못하면 어때? 노력했다는 것이 중요한 거야~"라고 말씀해 주셨다.

사실 나는 부모님께서 그렇게 답해 주실 것을 물어보기 전부터 예상했다. 하지만 생각만 하기보다는 직접 듣고 용기를 얻고 싶었다. 말은 강한 힘을 가지고 있기 때문이다. 그리고 이 말들이 나에게 용기와 힘이 되어 주었다.

이 짧은 일화만 봐도 내가 어릴 때부터 부모님께 많은 용기를 얻었다는 것과 좋은 영향을 받았다는 것을 느낄 것이다. 부모님은 나에게 실패를 두려워하는 것보다는 도전할 수 있는 용기를 심어 주셨다. 여기서 비롯된 마음가짐은 새로운 것을 시도할 때 실패보다 노력을 먼저 생각하도록 하는 계기가 되었다. 이 가치관을 통해 도전하는 것을 두려워하지 않게 되었다.

가족은 옆에 있다는 사실만으로도 힘이 되는 존재이다. 하나님이 나에게 주신 가장 큰, 내가 받아도 되나 싶을 정도로 벅찬 선물이다. 이 계기를 빌어서 우리 가족에게 정말 고맙고 사랑한다는 말을 전하고 싶다.

유학을 통해 많은 고난과 성장을 겪으면서 자연스레 생각도 많아졌다. 나는 그것을 표현할 수 있는 다양한 방법들 중에 글을 선택했다. 우리에게 가장 친숙한 존재이기 때문이다. 가끔 나의 생각을 메모에 글로 표현하곤 했다. 아래는 그중 하나다.

"지금 생각해보니 나에게 '유학'이란 둥지를 떠난 아기 새와 같은 느낌을 준다. 그동안은 안전한 둥지에서 아무것도 모르고 마냥 좋기만 했다. 하지만 아무것도 모르는 아기 새가 처음 둥지를 나오면 험난하고 많은 고생을 겪을 것이다. 좌절할 수도 있다. 하지만 그것들이 나중에 다 도움이 되는 성장의 과정이다.

막상 시작해 보면 생각보다 별것 아니라는 생각이 들 것이다. 그리고 그 안에서 사는 방법 외에도 많은 것을 경험해 보고 만날 것이다. 좋은 사람도 많이 만나고 배울 것이다. 포기하지 않고 고난을 다 이겨내고 나면 아기 새는 전보다 훨씬 더 멋진 새가 되어 있을 것이다. 나도 응원한다. 화이팅!"

내가 유학 오고 4달 정도 차에 쓴 짧은 글이다. 나와 잘 맞지 않던 한 친구 때문에 힘들었을 때 스스로에게 해주고 싶은 말을 쓴 것이다. 그래서 나에게 더 의미가 있다. 왜냐하면 그때 내가 어떤 심정을 가지고 있었는지 조금은 공감할 수 있기 때문이다.

　그때 나는 그 일이 인생의 큰 고난 중 하나라고 생각했다. 그리고 고난의 크기만큼 많이 성장했다. 하루에도 생각이 참 많았던 시기다. 지금 와서 하는 이야기지만 사실 삶에서 힘들었던 순간을 꼽으라면 그때를 꼽을 만큼 힘들었다. 그럼에도 그때의 고난과 성장을 통해 지금의 내가 있다고 생각한다.

　힘들 때 책을 읽거나 글을 쓰는 것이 많은 위로가 되었다. 책은 현실적인 조언을 해주었고 글은 나의 생각을 정리하고 문제의 핵심을 파악하게 해주었기 때문이다. 그래서 만약 지금 당장 힘든 사람이 있다면 책을 읽거나 글을 써보라고 권유하고 싶다.

　그때, 난 아무 생각 없이 책을 읽고 글을 썼었다. 그런데 지금 생각해 보니 그것들이 나도 모르게 나에게 조금씩 용기를 주고 있었다. 그래서 더 큰 고난을 맞닥뜨려도 쉽게 좌절하지 않을 수 있었던 것 같다. 그리고 이겨낼 수 있었다.

둥지를 나온 아기 새는 배울 것도 많고 모르는 것도 많다. 많은 장애물도 만날 것이다. 하지만 그것을 이겨낸 아기 새만이 살아남을 수 있고 이 넓은 세상을 자유롭게 훨훨 날아다닐 수 있다. 이것이 고생한 자의 특권이자 보상이라는 생각이 든다.

유학을 통해 깨달은 삶의 기술

예전에는 인생이 고속도로라고 생각했다. 고속도로는 차의 빠른 통행을 위하여 만든 차 전용 도로이다. 하지만 인생이 고속도로라는 말은 자칫하면 사람의 힘을 빠지게 할 수 있다. 인생이 마냥 빠르기만 하다고 좋은 것이 아니며 금방 지칠 수 있기 때문이다.

"때로는 거북이처럼 천천히 쉬어 가는 것도 중요하다"고 15년을 산 중학생이지만 이야기 해주고 싶다. 이것은 유학을 통해 배운, 살며 쉽게 지치지 않는 기술의 하나다. 우리는 어릴 때부터 간접적으로 〈토끼와 거북이〉라는 책을 통해 이 사실을 배웠다.

나는 이미 인생을 고속도로처럼 살아와서 지친 사람들에게는 쉬어 가라고, 거북이처럼 천천히 인생을 살아온 사람들에게는 조금만 더 힘을 내라고 말해 주고 싶다. 왜냐하면 결국 속도와 상관없이 포기하지 않는 자가 이기기 때문이다. 그러니 다른 사람의 속도에 자신을 맞추는 것이 아닌 자신의 페이스에 맞게 인생을 살아가라.

"우리들의 인생은 고속도로이다.
끝도 모른 채 남들이 달리니까 따라서 달린다.

살다보면 깜깜한 터널같이 한 치 앞도 안 보일 때가 있다.
하지만 터널이 아무리 길어도 언젠가 끝이 있듯이 고난에도 언젠간
끝이 있다.

예기치 못한 소나기로 인해 잠깐 놀랄 수도 있다.
하지만 비가 내린 후의 하늘을 보면
소나기 같았던 기분이 눈 녹듯이 사라질 것이다.

이렇듯 인생이란 기후 변화처럼 알다가도 모르는 것이다.

도시에선 볼 수 없던
고속도로에서만 볼 수 있는 풍경을
소중한 사람들과 보고 있다는 것.

어쩌면 이것이 다른 행복과는 비교할 수 없는 그런 행복일 수도."

가족들과 다 같이 할머니네 집에 가던 중에 고속도로에서 소나기를 만났다. 그때 쓴 글이다. 이렇게 예기치 못한 상황에 문득 아이디어가 떠오르는 것같이 인생 역시 예기치 못한 상황의 연속과 같다. 지금 전 세계적으로 유행 중인 코로나 19가 하나의 예다.

정리하자면, 자신의 페이스대로 인생을 사는 것이 가장 좋은 방법이다. 모든 사람의 인생은 비슷해 보여도 각기 다르다. 또한 이 방법은 에너지를 가장 적게 소비하게 한다. 그래서 어떤 장애물을 마주치든 쉽게 이겨낼 수 있다. 평소에 저축해 둔 에너지가 있기 때문이다.

어쩌면 인생을 가장 편안하고 걱정 없이 사는 방법은 순리에 맡기는 것일 테다. 마치 자연과 하나가 된 것처럼. 순리대로 흘러간다고만 생각하면 아무것도 걱정되지 않는다. 하지만 이것은 편안하게 사는 방법이지 진정한 인생을 사는 방법은 아니다. 진정한 인생을 살기 위해서는 마음가짐부터 달라야 한다.

인생은 길고, 기회는 많다. 나는 두 가지 방법 모두 때에 따라 달리 필요하다고 생각한다. 지금 나에게 필요한 방법은 후자이다. 계속 전자의 방법과 비슷하게 편안하고 걱정 없이

살아왔기 때문이다. 그래서 당장은 힘들 수도 있지만 진정한
인생을 살기 위해 후자의 방법을 선택할 것이다.

드럼 칠 때 행복한 소녀

나는 초등학생 때부터 드럼을 배우고 싶었다. 이유는 기억나지 않아서 잘 모르겠다. 아마 교회에서 봤던 드럼 때문일 가능성이 높다. 교회 말고 다른 곳에서는 드럼을 접할 기회가 없었기 때문이다.

나는 3년 정도 드럼을 배웠다. 중학생 때 시험기간이라 시간이 없어서 어쩔 수 없이 그만두었다. 하지만 그때 웬만한 곡은 연주할 수 있을 정도의 실력은 되었다. 드럼은 한번 배우면 까먹지 않아서 유용하다.

한국에서는 드럼을 치는 친구들과 경쟁을 많이 했어야 했다. 밴드에서 드럼 담당은 1명만 필요하기 때문이다. 그런데 내가 다니는 미국 학교에서는 드럼을 칠 수 있는 사람이 나를 제외하고는 한두 명밖에 없었다. 그 친구들도 정식으로 배운 것이 아니라 독학한 것이었다.

나는 미국에서 처음으로 드럼을 배운 것이 행운이라고 생각했다. 한국에서는 경쟁 때문에 조금 지쳐 있었기 때문이다. 평소에 드럼을 치면 그냥 재밌고 스트레스가 풀려서 좋았다. 그런데 한국에서는 드럼을 즐길 기회가 많지 않았다.

　지금 나는 미국 학교의 밴드부에서 드럼을 친다. 음악 선생님이 밴드부를 운영하셔서 활동도 많다. 이것이 밴드부의 강점이라고 생각한다. 다양하고 많은 경험을 할 수 있다. 첫 번째 외부 활동은 미국 병원에서 한 재능 기부 봉사였다. 처음이라 많이 긴장했지만 잘 마쳤다. 그리고 재밌었다.

　미국에서는 처음으로 뮤지컬과 드라마 장르의 곡을 드럼으로 연주했다. 이를 통해 새로운 드럼 기술을 배웠다. 보통 드럼을 치는 방법과는 조금 다른 방법이 필요했다. 연습 과정을 통해 교훈도 얻었다. 이 장르들에는 오랜 기간의 연습이 필요했다.

　그렇게 드럼을 시작으로 피아노, 베이스 기타, 작곡 등에도 관심이 생겼다. 학교에는 다양한 악기를 연습할 수 있는 시설이 마련되어 있다. 악기를 연주하고 싶을 때면 언제든지 가서 연주할 수 있다. 그래서 여러 악기에 흥미가 생길 때마다 시도하고 연습해 볼 수 있었다.

　한국에서 기타는 독학으로 연습한 1곡만 연주할 수 있었고, 피아노는 어릴 때 배웠지만 까먹었었다. 하지만 지금은 시간이 날 때마다 틈틈이 연습해 다양한 악기를 연주할 수 있다. 가족들을 위한 곡도 만들어서 방학 때 한국에서 들려주었다.

또, 음악 선생님의 공연을 초청받아 보러 갔다가 색소폰 연주를 듣고 갑자기 흥미가 생겼다. 그래서 이번에도 독학으로 도전해 보고 싶다는 생각이 들었다. 신기하게도 3일 만에 색소폰 소리를 냈다. 어버이날에는 '당신은 사랑받기 위해 태어난 사람'을 부모님 앞에서 연주해 드렸다. 좋아하시는 모습을 볼 수 있어서 뿌듯했다.

한때는 잠깐 뮤지컬에도 관심이 생겼다. 우연히 유튜브에서 어린아이들이 뮤지컬 〈마틸다〉를 공연하는 것을 봤다. 적잖은 충격을 받았다. 그 외에도 다른 사람들의 뮤지컬 공연도 많이 찾아봤다. 그런데 앞서 봤던 어린아이들의 〈마틸다〉 공연처럼 모두 정말 신기하고 멋있었다.

만약 내가 드럼을 배우지 않았다면 평생 이렇게 다양한 악기들을 경험할 기회가 없었을 것이다. 드럼을 배우고 치며 얻은 용기를 통해 다양한 분야에 도전하고 싶은 마음이 생겼다. 그래서 나는 드럼 치는 취미를 평생 즐길 것 같다.

도전을 통해 얻은 용기는 쌓이고 쌓여 더 큰 도전을 하도록 도와준다. 앞으로도 도전해 보고 싶은 악기가 생기면 뒤로 한 발자국 물러서지 않고 한 발자국 앞으로 나아갈 것이다. 물론 가장 중요한 연습도 게을리하지 않을 것이다.

글쓰기에 흥미가 생겼어요!

요즘에는 다양한 분야에 흥미가 많다. 그중 하나가 글쓰기다. 공감하는 사람이 많을지 잘 모르겠지만 가끔씩 글쓰기가 확 와닿는 시기가 있다. 자주는 아니지만 1년에 여러 번이다. 이때는 아이디어도 많이 떠오르고 글도 잘 써진다.

글쓰기의 시작은 부모님의 영향이다. 처음에는 아빠를 따라 취미삼아 글을 썼다. 멋있어 보였기 때문이다. 딱히 다른 이유가 없었다. 무언가를 어릴 때 시작할 때는 이유가 없는 경우가 태반이다.

우리는 나이를 먹으면서 무언가를 시작할 때는 꼭 이유가 필요하다고 생각한다. 하지만 어릴 때처럼 별다른 이유 없이도 하고 싶은 일은 그냥 시작해도 된다는 점을 깨달았다. 가끔은 어린 아이들의 모습에서 인생을 배우는 것 같다.

그렇게 시간이 조금 지나 본격적으로 책을 쓰기 시작한 이유는 흥미였다. SNS에서 우연히 "독서는 집에서 세계 여행을 하는 것이다"라는 문장을 봤다. 그때 이 문장이 마치 내가 가장 좋아하는 음식인 떡볶이인 듯 다가왔다.

처음에는 이해하기 쉽지 않았다. 왜냐하면 그때는 책에 관심도 없었고, 책이란 공부를 위한 수단이라고만 느꼈기 때문이다. 그래도 어릴 때는 책을 좋아했다. 하지만 학생 신분이 되면서 독서가 강요로 느껴지기 시작해 더 반감을 가졌던 것 같다.

단순한 반감이었다는 것을 알게 되자 나의 생각을 표현하고 싶었다. 어린 마음에 관심받고 싶었던 것 같다. 어릴 때는 대부분 관심받는 것을 좋아하고 즐긴다. 하지만 이제는 글쓰기가 취미를 넘어섰다. 나로 인해 누군가 위로를 얻고, 조금이라도 도움을 줄 수 있다는 가능성이 행복한 감정을 준다는 사실을 깨달았다. 나는 글쓰기를 통해 용기를 얻었다. 그래서 포기하지 않고 계속 쓰기 위해 노력할 것이다.

지금은 '사람들이 이 책을 읽고 도움이 되고 위로가 되었으면 좋겠다'는 생각이 가장 크다. 왜냐하면 내가 평소에는 읽지 않던 책을 힘들 때 찾아 읽었기 때문이다. 이상하게도 힘들 때면 책이 위로가 되어 주었다. 또한 나는 힘들 때 글을 썼다. 글을 쓰면 생각을 정리할 수 있고, 문제의 요점을 파악할 수 있기 때문이다. 이것도 힘들 때 책을 읽는 일만큼 위로가 되었다.

이 부분에서 나는 책에게 고마움을 느낀다. 왜냐하면 내가 힘들 때 유일무이하게 책이 부담 없이 위로를 건네주었기 때문이다. 그래서 책은 내가 다가가기 어려운 존재라는 선입견이 사라졌다. 그리고 책에 의지하였다.

책을 읽다 보면 잡생각이 사라지고 아무 생각도 들지 않는다. 이 점 때문에 나는 책이 더 좋아졌다. 살다 보면 이런저런 생각이 많아지는 시기가 예고도 없이 찾아온다. 그럴 때는 할 수 있는 일이 없기에 방법이 없다는 생각마저 든다. 하지만 나는 그때마다 책 덕분에 막막함을 큰 파도 없이 쉽게 이겨낼 수 있었다. 책은 나에게 많은 도움을 주었다.

한때는 글쓰기에 가속도가 붙어 하루도 빠짐없이 조금씩 글을 쓰곤 했다. 그때 가장 먼저 든 생각은 "티끌 모아 태산"이라는 속담이었다. 그리고 언젠간 이 책을 완성하는 날이 올 것을 기약하며 열심히 써 내려갔다.

뒤에서 자세히 말하겠지만 내 꿈은 모든 사람들이 행복해지는 것이다. 그래서 사람들에게 위로와 도움을 주고 싶다는 생각을 자주 한다. 처음에는 좁쌀 한 톨 크기만 한 도움이라도 괜찮다. 그 크기는 키워 나가면 되기 때문이다. 내가 책을 읽고 글을 쓰며 느꼈던 위로와 행복, 그것을 모든 사람들과 나누고 싶다.

제 3 부

....

미국 유학은
내 인생 최고의 모험

인생 최고의 모험을 시작하다

"이 책에 기록한 모험담은 대부분 실제로 일어난 것들이다. 한두 가지는 내가 직접 겪은 경험이요. 나머지는 내 학교 친구들이 겪은 모험이다. 허클베리 핀은 실존 인물에서 취해 왔다. 톰 소여도 마찬가지이다."

'미국 문학의 아버지', '미국의 셰익스피어'로 불리는 마크 트웨인의 대표작 〈톰 소여의 모험〉의 첫 문장이다. 이 책도 마찬가지다. 실제로 내가 보고 느끼고 체험한 것들을 이 책에 담았다.

〈톰 소여의 모험〉은 미시시피 강변에 위치한 상상의 마을 세인트피터즈버그를 배경으로 펼쳐지는 신나는 모험을 그린 소설책이다. 하지만 마크 트웨인을 거장의 반열에 올린 책은 모험을 주제로 한 또 다른 책인 〈허클베리 핀의 모험〉이다.

마크 트웨인은 정확히 8년 간격으로 두 모험 책을 출간했고, 이 두 권의 책은 그를 세계 문학의 거장의 자리에 올려놓았다. 내게 큰 충격과 용기를 주었던 이 두 권의 책은 아직도 나의 가슴을 뛰게 한다.

책 이야기가 나왔으니 더 하자면, 헤밍웨이는 이 책에 대해서 다음과 같은 찬사와 평가를 했다.

"미국의 모든 현대 문학은 <허클베리 핀의 모험>이라는 책 한 권에서 비롯하였다."

그렇다. 이 책은 모든 미국 문학의 출발점이라고 할 수 있다. 이제 따분한 문학책 이야기는 접어 두고, 실제 미국 유학 이야기를 다시 해보자.

나는 자신 있게 말할 수 있다. 미국 유학은 내 인생 최고의 모험이었다! 다시 태어나더라도 나는 유학을 선택할 것이다. 모험에 정답은 없다. 내가 가는 길이 곧 길이 된다. 그리고 그것이 정답이다. 이 한 가지 사실만 기억하면 된다.

다양한 인생의 모험 중에서 유학은 배움의 모험이었다. 비유하자면, 안경에 많은 먼지가 묻었는데 모르고 지내는 경우가 종종 있다. 모르고 지내다 누군가 그 먼지를 닦아 주었을 때, 비로소 먼지가 묻어 있었다는 사실을 깨닫는다. 이처럼 나는 미국 유학을 통해 새로운 세상을 경험하고 한 발자국 더 성장했다.

자랑은 아니지만 유학 오기 전에 가족과 함께 살았을 때는 빨래와 설거지를 해본 적이 없었다. 엄마가 시키지 않으셨다. 부모님이 불도 위험하다고 못 사용하게 하셨다. 그래서 한국에서는 하는 일 없이 편하게 살았다.

그런데 미국에서는 빨래부터 시작해서 모든 것을 스스로 다 해야 했다. 처음 하는 데도 생각보다 거리낌이 없었다. 신기하게도 설거지가 재미있었다. 접시가 깨끗해지면 기분이 좋았다. 빨래를 할 때도 같은 기분이었다.

나는 여기서 사람은 무엇이든지 직접 해보는 것이 좋다는 것을 느꼈다. 그중에 자신의 적성에 맞는 일이 있을 수도 있기 때문이다. 해보기 전에는 아무것도 모르고 아무도 알 수 없다. 그렇기 때문에 도전이 중요하다. 과거에 얽매이기보단 실패를 두려워하지 말고 모험에 도전하라. 과거는 바꿀 수 없다. 그 어떤 도전도 없이 산다면 남는 것은 후회뿐이다. 하지만 미래는 모험을 통해 바꿀 수 있다. 도전하는 순간 인생은 달라진다.

당신도 나처럼 모험을 떠나라. 집에서 멀리 갈수록 좋다.

나는 지구 반대편에 있는 미국 동부 뉴욕까지 나 홀로 모험을 떠나 왔다. 실패도 있고 두려움도 있었지만 그것은 모두 경험이고 배움이고 성장이었다. 도전할 가치는 너무도 충분하다.

적응과 동시에 찾아온 안정감

미국 생활이 처음에는 걱정도 되고 설레기도 했다. 그리고 모든 것이 신기했다. 사소한 것 하나부터 모든 것이 도전이었기 때문이다. 그래서 실감이 나지 않았다. 하지만 이와 별개로 한국에서와 비슷한 일상을 보낼 것이라고 생각했다. 사는 곳만 달라진 것이기 때문이다.

그래도 '이왕 온 거 열심히 해야지!'라는 마음을 가졌다. 그래서 한국에 있을 때보다 뭐든 더 열심히 했던 것 같다. 이 작은 마음가짐은 시간이 지나 내 인생에 나비효과를 일으켰다. 인생을 돌아봤을 때, 지금은 예전에 비해 엄청 성장한 나 자신의 모습을 볼 수 있다.

내가 비교적 짧은 기간에 이만큼 성장할 수 있었던 이유는 바로 유학이다. 하지만 꼭 유학이 아니더라도 많은 경험과 도전이 있는 곳이라면 언제나 많은 성장이 함께한다. 이 중요한 사실을 깨닫고 나면 더 이상 도전도 두렵지 않다.

러시아의 소설가, 도스토옙스키Dostoevskii는 "인간은 적응의 동물이다"라고 말했다. 적응을 잘한다는 것은 인간의 큰 장점이다. 나 역시 새로운 환경에 곧잘 적응했다. 적응과 동시에 안정감도 찾아왔다.

'안정감'이란, 바뀌어 달라지지 아니하고 일정한 상태가 유지될 때 받는 느낌을 말한다. 이 느낌 때문에 많은 사람은 안정감을 좇아 살아간다. 또한 안정감을 좇는 것은 인간의 본능 중 하나라고 생각한다. 어쩌면 나도 그중 한명이었다. 하지만 지금은 달라졌다.

적응과 안정감은 늘 비슷한 시기에 찾아온다. 안정감이 생기면 마음의 평안이 찾아온다. 그래서 침착함이 중요하다. 긴장하면 잘 풀리던 일도 잘 풀리지 않는 경우가 많다. 하지만 평온한 상태에서는 같은 상황이라도 너그럽게 넘어가고 바라볼 수 있는 마음이 생긴다.

참고로 '긴장'은 정세나 분위기가 평온하지 않은 상태를 의미한다. 우리 몸은 우리도 모르게 긴장할 때가 종종 있다. 하지만 우리는 느끼지 못한다. 나도 이 사실을 알고 나서 놀랐다. 전혀 몰랐기 때문이다.

하지만 다른 상태와는 다르게, 침착함에는 우리의 의지가 필요하다. 스스로 냉철하게 감정을 유지해야 하기 때문이다. 이것을 해낸 후에야 비로소 평온이 이어진다. 비슷한 의미처럼 느껴지지만, 평온이 더 궁극적이고 긍정적인 의미를 지니고 있다.

여기서 주의해야 할 부작용이 하나 있다. 안정감이 찾아온다는 것이 마냥 기쁜 일만은 아니라는 것이다. 게을러질 수 있기 때문이다. '최초의 미국인'이라 불리던 미국의 정치가이자 철학자인 벤자민 프랭클린은 이렇게 말했다.

"게으름은 쇠붙이의 녹과 같다. 노동보다도 더 심신을 소모시킨다."

이 말에 따르면, 우리는 항상 게으름을 경계해야 한다.

공부할 때의 긴장감은 마치 축구할 때 신는 축구화와 같다. 평소에는 축구화를 신고 다니면 불편하다. 그럴 때 필요한 것이 운동화, 즉 안정감이다. 이렇듯 긴장감과 안정감은 서로 상호작용을 필요로 한다. 상호작용은 서로에게 좋은 영향을 미치는 것을 의미한다. 쉽게 말해 서로에게 필요한 존재이다.

나는 처음에는 한국보다 미국에서 시험공부를 더 열심히

했다. 하지만 시간이 흘러 적응도 하고 안정감이 찾아온 뒤, 예전만큼의 학구열이 점점 사라졌다. 그러므로 안정감이 찾아왔다고 마냥 기뻐할 수만은 없다. 나태해지기 때문이다. 다시 열심히 할 수 있는 방법을 찾는 것이 중요하다. 언제나 초심을 유지해야 한다.

그래도 적응 기간을 거쳐 안정감이 찾아왔다는 것은 대단한 일이다. 긴장하는 것보다 침착하기가 더 어렵기 때문이다. 송나라의 사상가였던 장자는 말했다.

"곤경에 처할수록 침착함을 잃지 않는 것이 참된 용기임을 알자."

이 말에 따르면, 어려움을 겪는 와중에도 침착함을 잃지 않는 자가 승자다.

주도적인 삶을 살기 시작하다

예전에는 내 삶의 주도권을 가진 사람이 내가 아니었다. 하지만 유학을 온 뒤로 인생의 주도권이 자연스럽게 나에게 왔다. 모든 것을 스스로 해야 했고, 그에 따른 모든 책임을 내가 져야 했기 때문이다. 이것이 내 인생을 바꾼 터닝 포인트다.

주도적인 삶을 살기 위해서는 책임감이 필요하다. 실패하든 후회하든 자신의 결정에 책임을 질 수 있어야 한다. 참고로 '책임감'이란, 맡아서 해야 할 임무나 의무를 중히 여기는 마음이다. 이 마음만 가지고 있다면 주도적인 삶을 살기 위한 준비는 끝난다.

또한 인생의 주도권이 자신에게 왔을 때 책임감에만 너무 집중하면 안 된다. 힘든 길이라는 것을 더 잘 알기에 시작조차 하지 않을 수도 있다. 하지만 거기서 포기하면 주도권을 가지기 전만 못하다. 그러니 더 나아가 자신의 포커스에 맞춰 한 발자국 더 성장하기 위해 노력해야 한다.

어릴 때는 다른 사람이 하는 만큼만 하면 반은 간다고 생각했다. 평범함이 주는 안정이 싫지 않았다. 많은 사람이 생각하듯이 안정적이고 너무 부족하지 않게만 살면 된다고 생각했다. 그런 삶은 적당한 노력만으로도 이룰 수 있을 듯이 보였다.

하지만 그것은 '게으름'에서 비롯된 생각이다. 무엇이든 정해져 있는 것은 하기 쉽다. 새로운 일을 하는 것은 물론 어렵다. 모든 위험과 두려움이 자신의 몫이기 때문이다. 하지만 이것을 이겨내야 한층 더 성장할 수 있다.

나는 지금은 위험을 무릅쓰고라도 하고 싶은 일을 추구하며 산다. 설령 사람들이 반대하더라도 내가 좋아하는 일을 하며 살고 싶다는 마음과 소신이 생겼다. 물론 이 과정이 쉽지는 않다. 하지만 나는 내가 가진 이 열정 하나만으로도 충분히 해낼 수 있다고 믿는다. 더 나아가 굳은 결심을 통해 벌써 반 정도는 해낸 듯하다.

요즘은 하고 싶은 일이 생기면 실패를 걱정하거나 생각하지 않고 바로 도전한다. 유학 오기 전에는 상상도 할 수 없던 변화다. 도전과는 거리가 먼 사람이었기 때문이다. 유학은 내게 도전하고 실패하고, 또다시 도전할 용기를 주었다.

게다 유학을 오기 전에는 내가 무엇을 좋아하고 잘하는지 몰랐다. 한국에서는 선택지가 공부밖에 없었기 때문이다. 하지만 이렇게 하고 싶은 일들을 많이 시도하다 보니 내가 어떤 사람인지 조금씩 알게 되었다. 그리고 진정한 행복을 느끼고 깨달았다.

나는 이곳에 온 뒤로 성격이 조금 달라졌다. 아마 가족들은 모를 것이다. 예전에는 힘들면 혼자 끙끙 앓았고 드러내지 않았다. 수줍음이 많아서 표현도 잘 못했다. 하지만 지금은 완전히 달라졌다. 그리고 가족들에게 매일 사랑한다고 말하려고 노력하고 있다.

또한 완벽해야 하고 모든 사람에게 사랑받고 싶고 미움받기 싫어했던 성격도 조금씩 바뀌었다. 허점을 보이고 실수해도 괜찮다. 이제는 모든 것을 너그럽게 이해할 줄 알고 항상 배우고자 하는 사람이 되었다.

인생은 내가 만들어 나가는 것이다. 어느 누구도 내 인생을 대신 살아 줄 수 없다. 그리고 인생은 선택의 연속이다. 하지만 많은 사람은 선택을 회피하면서 후회를 만든다. 자신의 선택에 책임을 지지 않으려고 하는 인간의 본성 때문이다.

그래서 책임감이 강한 사람은 도전하되 후회를 잘 하지 않는다. 하지만 책임감이 없다고 좌절할 필요는 없다. 책임감은 하나의 마음이기 때문이다. 노력으로 충분히 키울 수 있다. 이것을 해내면 다음날 더 나은 모습으로 성장해 있는 자신의 모습을 발견할 것이다. 성급할 필요가 전혀 없다. 천천히 한 발자국씩 꾸준히 나아가는 것만으로도 충분하다.

큰 힘이 되어 준 나의 신앙심

나는 교회에 다닌다. 모태신앙이다. 나는 이것이 자랑스럽고, 예배드리는 것도 좋아한다. 찬양을 부를 수 있고 말씀도 들을 수 있어 좋다. 지금부터는 나의 신앙심에 대한 이야기를 해보려고 한다.

유학을 온 이후로 나와 주님의 관계는 더 깊어졌다. 미국에서 나는 매일 적어도 성경을 1장씩 읽고 기도했다. 비록 조금씩이라도 매일하기 위해 노력했다. 물론 주일마다 교회도 갔다. 교회에서는 맛있는 한국 음식도 먹을 수 있었다.

나는 원래 CCM보다 가요를 즐겨 듣고 좋아했다. 하지만 어느 샌가 가요보다 CCM을 더 자주 듣고 좋아하게 되었다. 신기하게도 CCM을 들으면 걱정이 사라지고 마음이 편해졌다. 그래서 공부할 때도 CCM을 듣곤 했다.

아는 사람 없이 혼자 유학을 왔기에 주님께 많이 의지했다. 의지할 분이 주님밖에 없었기 때문이다. 나는 이런 상황을 주신 주님께 정말 감사하다. 게다가 유학을 오고 나서 하나님을 만난 적이 있다. 아직도 그때를 잊을 수 없고 그때만 생각하면 주님께 정말 감사하다.

내가 죄인임에도 불구하고 행복할 수 있는 가장 큰 이유는 하나님이다. 자갈밭을 맨발로 걷는 듯한 고난이 닥쳐와도 하나님과 함께라면 하나도 힘들지 않다. 오히려 감사하고 즐겁고 행복하다. 정말 힘든 것은 하나님과 함께하지 않는 삶이다. 씁쓸하고 외롭기 때문이다.

누구나 한 번쯤은 행복한 데도 마음 한구석이 외롭고 쓸쓸했던 경험을 해본 적이 있을 것이다. 마치 마음 한편에 구멍이 난 듯한 느낌이 들면, 그때는 하나님을 찾아야 한다.

하나님을 찾고 싶은데 방법을 모르겠는 독자도 있을 것이다. 그렇다면 기도부터 시작해라. 그런데 어떻게 해야 할지 모른다면 걱정할 필요 없다. 주기도문을 외우면 된다. 주기도문은 예수님이 제자들에게 가르치신 기도문이다.

내가 유학을 온 이후로 매일 읽은 성경 구절 중에 마음에 가장 와닿았던 구절 하나를 적어 보려고 한다.

"그는 넘어지나 아주 엎드러지지 아니함은 여호와께서 그의 손으로 붙드심이로다." - 시편 37:24

이 말씀은 힘들 때 많은 위로가 되었다. 힘들어도 절망하지 않을 수 있었던 이유가 있다면 바로 하나님이다. 저 말씀처럼 붙들어 주셨기 때문이다. 나는 성경을 읽을 때 와닿는 구절이 있으면 밑줄을 긋는다. 그리고 힘들 때면 그 구절을 다시 찾아 읽는다. 그러면 많은 위로를 받는다.

주님을 제대로 믿고 난 뒤 많은 것이 달라졌다. 그중 하나는 평소에 감사가 넘친다는 것이다. 심지어 고난 하나하나가 다 감사하다. 그 고난을 통해 주님과 한 발자국 더 가까워지기 때문이다. 그리고 그 계기로 주님을 만나고 체험했기 때문이다. 이 계기가 아니었더라면 아직도 주님을 만나지 못했을 수도 있다. 이제는 고난을 겪을 때 주님이 가장 먼저 생각나고 주님을 의지한다.

우리는 죄인이다. 미천하고 연약하다. 주님이 없으면 하루도 살아갈 수 없는 존재이다. 우리는 항상 죄를 짓는다. 하지만 그렇다고 다그치실 주님이 아니다. 오히려 우리를 감싸주신다. 우리가 다시 돌아오기만을 기다리신다. 그러니 죄를 지었다고 좌절하는 것이 아닌 진심으로 회개하고 다시 주님께 나아가라.

나는 항상 주님만 붙들려고 노력한다. 살다보면 예기치 못한 상황이 많이 벌어지기 때문이다. 그리고 매일 주님께 한 걸음씩 나아가 더 친해지기 위해 노력한다. 성경에 나와 있듯이 주님은 사랑이다. 내가 사는 이유는 주님께 영광을 돌리기 위해서다. 하나님은 살아계신다. 오늘도 감사합니다, 주님! God Only Knows!

참고로 이것은 나의 기도문이다.

"하나님 그 무엇보다도 더 사랑합니다. 저는 죄인입니다. 제가 지금 여기 있을 수 있는 것도 모두 하나님의 은혜입니다. 제가 지금 살아 있는 것도 모두 하나님의 은혜입니다. 모든 것 다 감사합니다. 오직 주님만을 위해 살겠습니다."

바쁘게 생활하는 것도 좋다

요즘 현대인들은 모두 바쁜 것 같다. 출근 시간대의 지하철만 봐도 알 수 있다. 어쩌다가 대한민국에 '지옥철'이라는 단어가 생성되었을까 싶다. 하지만 뉴욕의 맨해튼을 가본 뒤 더한 곳도 존재한다는 것을 깨달았다.

그곳은 지옥철의 연속이었다. 모든 사람들이 키도 크고 게다가 빠른 걸음이었다. 마치 거인국에 온 기분이었다. 아마도 큰 전광판이 많아서 더 그런 느낌이 들었던 것 같다. 그리고 차도 많았다. 그래서 항시 조심해야 한다.

하지만 이 정도가 아닌 건강에 해를 끼치지 않을 정도의 적당한 바쁨도 있다. 나는 이것은 오히려 삶에 도움이 된다고 생각한다. 바쁘게 살면 잡생각이 들지 않기 때문이다. 잡생각이 들지 않으면 걱정도 줄어들고 자책과 후회로 시간을 허비할 일도 생기지 않는다.

여기서 중요한 포인트는 '잡생각은 이도저도 아니다 上不上

下不下'라는 점이다. 오히려 성장의 방해가 되는 존재이다. 차라리 잡생각보다는 몽상이 낫다고 생각한다. 둘은 비슷한 것 같지만 큰 차이가 있다. 참고로 유명한 몽상가로 스티브 잡스가 있다.

바쁜 일상을 살다 보면 부지런해질 수 있다. 사람은 보통 여유가 생기면 게을러지기 마련이다. 하지만 바쁘다는 것은 일이 많거나 또는 서둘러서 해야 할 일로 인하여 딴 겨를이 없음을 의미한다. 그렇기 때문에 나태해질 틈도 없다.

내가 몸소 경험했기 때문에 자신 있게 말할 수 있다. 유학 초반에는 나 역시 보통의 삶을 살았다. 하지만 중반부터는 결심하고 목표를 세웠다. 지금 생각해도 놀랍지만 미국에서 몇 달 동안 새벽 5시 30분에 일어나 계획을 실천했다. 처음에는 일찍 일어나는 것이 힘들었다. 하지만 점차 적응되니 나중에는 어렵지 않았다.

나의 계획들은 매일 성경 읽기, 매일 기도하기, 매일 일기 쓰기 등이었다. 생각보다 사소하다. 하지만 이 계획들이 모이면 나중에 결코 무시할 수 없는 결과가 된다. 도리어 무시하다가 큰 코 다칠 수 있다. 작은 계획들을 매일 실천하면서 나는 "티끌 모아 태산"이라는 속담을 몸소 체험했다. 이 경험을 통해 교훈도 얻었다.

나는 친구들과 시간을 보내는 것을 좋아한다. 하지만 혼자만의 시간을 가지는 것 또한 좋아한다. 그중에서도 가장 기억에 남는 장면이 있다. 학교 수업을 마친 후 조용히 소파에 앉아 창밖의 아름다운 경치를 보면서 일기를 쓴 것이다. 아직도 기억에 남는다. 왜냐하면 그때 소소하지만 확실한 행복이라는 '소확행'을 느꼈기 때문이다. 이때가 아마 유학 초로 한창 낯을 가렸던 시기로 기억한다.

어떤 날은 바쁘게 하루를 보내고 잠들기 전 잠깐 드는 생각에 진정한 행복을 느꼈다. 바쁘게 하루를 보낸 날은 보통 지쳐서 잠이 든다. 그렇기 때문에 아주 잠깐의 생각할 시간이 있다. 그 시간은 잠깐이지만 행복을 느끼기에 충분한 시간이다.

평소에는 그 시간에 다양한 생각을 한다. 예를 들면 내일 해야 할 일이나 몇 시에 일어날지 등…. 그런데 바쁘지만 의미 있는 하루를 보낸 날은 조금 다르다. 생각할 겨를도 없이 눕자마자 바로 잠이 든다. 그때 몸은 힘들지만 기분은 좋다. 엄청 뿌듯하다.

만약 하루종일 한 것이 없다면 죄책감과 함께 잠들 것이다. 하지만 하루를 바쁘게 보냈다면 잠이 평소보다 더 달콤하게 느껴질 것이다. 이것은 겪어 본 사람만 아는 엄청나게 뿌듯한 일이다. 바쁘게 사는 것은 참 많은 점에서 도움이 된다. 그리고 성취감은 좋은 습관을 만드는 원동력이다.

바쁘게 사는 것에는 장점이 많다. 이 사실을 유학 생활을 통해 깨닫게 되었다. 가장 큰 수확 중 하나다. 바쁘게 사는 사람은 우울증에도 걸리지 않고 몸과 마음이 건강하다. 회사에 다니다 정년퇴직하는 사람이 평생 바쁘게 살다가 퇴사하고, 할일이 없어져 몸과 마음이 약해지고 빨리 늙는 이유가 여기에 있다. 바쁘게 사는 것이 유익하다.

나를 힘들게 했던 한국 친구

유학은 내게 많은 배움과 경험의 기회를 주었다. 물론 힘들 때도 있었다. 유학을 오고 시간이 조금 지났을 때다. 그때는 15년 인생 중에 손에 꼽을 정도로 힘들었다. 그런데 주변 사람들은 내가 티를 안 내서 몰랐을 것이다.

유학 초에는 모든 것이 처음이고 새롭다. 그렇기 때문에 힘든 것이 당연하다. 유학 와서 처음 일주일간은 가족들이 많이 그리웠다. 하지만 나름 잘 적응하면서 지내고 있었다. 그러던 중 한 친구를 알게 되었다. 문제는 그 친구의 성격이 너무나 독특했다는 것이다. 뿐만 아니라 나와 성격이 맞지 않았다. 그래서 그 친구 때문에 엄청 힘들었다.

힘들게 미국까지 공부하러 왔으니 영어 실력을 위해 한국 친구들은 되도록 사귀지 않으려고 했다. 그런데 그 친구가 집요하게 다가왔다. 말했듯 친구의 성격은 나와 정반대였다. 강요와 집착이 심한, 태어나서 처음 보는 부류의 성격이었다.

일단 그 친구는 휴대폰 게임을 엄청나게 좋아했다. 하지만 나는 별로 좋아하지 않았다. 그런데 그 친구가 틈만 나면 게임을 하자고 했다. 나는 싫었지만 제대로 말하지 못한 적도 있었고, 무엇보다 싫다고 하면 아이처럼 계속 떼를 썼다. 그리고 숙제랑 공부를 하지 말고 계속 놀자고 하였다.

참고로 이때는 유학 초다. 나는 목소리를 들으면 더 보고 싶어져 가족들에게 일주일에 1번 정도로 일부러 전화를 자주 하지 않았다. 또한 그 친구 이유도 없잖아 있었다. 보통은 힘들 때 가족들이 가장 보고 싶다. 그렇기 때문에 그때 만약 가족들과 통화를 자주 했었다면 견디기 어려웠을 것이다. 그리고 얼굴을 보자마자 울었을 수도 있다.

이 일이 있기 전에는 힘든 일이 생기면, '내 힘으로 해결할 수 있으니까 부모님께 걱정 끼치지 말자'라는 생각을 자주 했다. 나 때문에 부모님이 걱정하시는 것이 싫었다. 가족들이 힘든 것보다 차라리 나 혼자 힘든 것이 나았다.

지금 생각하면 이것은 어리석은 생각이었다. 부모님은 삶의 경험이 많고 생각이 더 깊다. 즉, 부모님께 말씀드리고 함께 해결책을 찾는 것이 훨씬 더 지혜로운 방법이었을 것이다. 그리고 무엇보다 내가 덜 힘들었을 것이다.

후에 시간이 지나 그 친구가 다음 학기에 다른 학교로 간다는 소식을 듣고 부모님께 이 일을 말씀드렸다. 그때 엄마는 나에게 엄청나게 많은 힘과 용기를 주었다. 그리고 지혜로운 솔루션도 제공해 주었다.

엄마 덕분에 인생을 오래 살아야 얻을 수 있는 지혜에 대해 배웠다. 물론 아빠도 긍정 파워로 많은 도움을 주셨다. 만약 우리 부모님이 아니었다면 나는 아직도 그 일로 고생하고 있었을지 모른다. 그때 새삼 다시 한번 우리 부모님이 정말 멋있다고 생각했다. 부모님께 정말 고마웠고 존경스러웠다.

이 일을 계기로 나는 인생을 정말 많이 깨달았고 배웠다. 또한 이 일 이후로 '앞으로는 힘든 일이 생기면 혼자 끙끙 앓지 말고 부모님께 말하고 같이 해결방안을 찾아야겠다'는 생각을 했다.

이제는 힘들면 힘들다고 말하려고 노력한다. 그리고 싫은 것은 싫다고도 확실하게 말하려고 노력한다. 왜냐하면 그때 싫은 것을 싫다고 확실하게 말하지 못해서 더 고생했던 것 같기 때문이다.

독일의 시인이자 철학자인 프리드리히 빌헬름 니체는 이와 같은 말을 했다.

"자신을 죽일 정도로 엄청난 것이 아닌 이상, 고난은 나를 더욱 강하게 만든다."

　그 친구 때문에 정말 힘들고 고생했던 시기에 이 명언의 뜻을 뼈저리게 느꼈다. 그래도 긍정적으로 생각하면, 고생한만큼 삶의 지혜도 얻었고 성장했다.

　그 친구는 그렇게 다른 학교로 갔다. 그리고 유학 온 지 1년 정도가 지나고 9학년이 되었을 때, 다양한 나라와 한국의 새로운 좋은 친구들을 사귀게 되었다. '고진감래苦盡甘來'라는 사자성어가 상황에 가장 어울릴 것 같다. 지금의 내 친구들에게 고맙다.

제 4 부

....

나를 바꾼
미국 유학 이야기

한국과 다른 교육 목표를 가진 미국의 학교

목표는 인생의 목적지가 표시되어 있는 지도다. 목표를 정함으로써 인생의 목적지와 방향이 바로 잡힌다. 즉, 목표를 위해 세우는 계획은 내비게이션이다. 가끔 잘못된 내비게이션은 뺑뺑이를 돌리거나 우리를 잘못된 목적지로 인도한다. 그렇기 때문에 올바른 계획만이 목적지에 무사히 도착하는 일을 돕는다.

처음에 미국 학교에 다니기 시작했을 때 본능적으로 느낀 점이 있다. 그것은 바로 미국 교육은 한국과는 다른 마인드를 가지고 있다는 점이다. 한국의 교육은 학생에게 할 것을 주고 강요한다. 그리고 그것은 고스란히 학생들에게 고통을 안긴다. 하지만 미국의 교육은 다르다. 학생에게 자유를 주고 스스로 선택하게 한다. 그것이 미국 교육의 위대함이다.

한국에서는 좋은 대학을 가야만 성공이다. 최근에 인기를 끈 한국 드라마 〈스카이캐슬〉만 봐도 어떤 느낌인지 이해할 수 있다. 이 드라마를 보면 입시 지옥을 간접 경험할 수 있다. 하지만 미국에서는 좋은 대학 입학만이 인생이나 성공의 전부가 아니다. 훌륭한 사회인으로 자신의 몫을 다하면서 행복하게 살아갈 수 있는 성인을 만드는 것이 교육의 목적이다.

유학을 오기 전에는 좋은 대학에 가는 것만이 공부의 최대 목표인 줄 알았다. 공부를 해야 하는 이유조차 몰랐다. 다른 사람들이 하니까 그냥 했다. 청소년기에 입시 공부를 빼면 남는 것도 없었다. 게다가 내가 무엇을 좋아하는지조차 모르고 무관심하게 살았다. 목표는 이미 정해져 있었다. 그 목표는 내 의지와는 상관이 없었다. 쉽게 말해서 입시 공부가 인생의 전부였다. 인생이 공부고 공부가 인생이었다.

뒤에 자세히 말하겠지만 나는 공부는 인생에서 꼭 필요하다고 생각한다. 인생에서 없으면 안 된다. 하지만 내가 생각하는 '진짜 공부'는 입시를 위한 공부가 아닌 인생을 위한 공부다. 인생을 위한 공부는 우리가 발전하고 성장할 수 있도록 돕기 때문이다.

물론 어른들의 마음도 이해가 가지 않는 것은 아니다. 학생의 본분이 공부인 만큼 공부를 잘하든 못하든 많은 학생들이 공부에 관심을 가지고 있다. 그리고 누구나 공부를 잘

하고 싶어 한다. 그렇지만 강요는 반감을 더 불러일으킬 뿐이다. 때론 어른들의 충고가 학생들에게 상처가 될 수 있다.

한국과 다르게 미국에는 다양한 길이 열려 있다. 그 길은 언제나 우리를 환영해 준다. 좋아하는 것을 포기하지 말고 선택해도 된다. 나도 처음에는 내가 좋아하는 것을 알지 못해 많이 방황했다. 하지만 다양한 것들을 많이 시도했고, 미국의 학교에서는 이것이 가능했다. 이 과정에서 내가 좋아하는 것들을 발견했다.

이때부터 내게는 한 가지 분명한 목표가 생겼다. 그것은 내가 진정 좋아하는 것을 발견하는 것이다. 목표가 있었기에 더 열심히 할 수 있었다. 그리고 쉽게 포기하지 않을 수 있었다. 또한 목표를 위한 계획들을 밥 먹듯이 세웠다. 그 작은 것들이 쌓이고 쌓여 태산이 되었다.

여기서 내가 깨달은 점은 '일단 도전해라!'다. 도전에서 맞닥뜨리는 최악의 상황이 우리 인생에 변화를 가져오기 때문이다. 만약 좋아하는 일을 찾고자 하는 열정이 있다면 앞뒤 생각하지 말고 일단 도전해라. 선택지는 많고 다양하다. 실패해도 괜찮다. 실패가 성공의 발판이 되어 줄 것이다.

나는 미국에 온 이후로 도전해 보고 싶은 것들이 많아졌다. 학구열도 생겼다. 공부하라고 강요하지 않기 때문이다. 그래서 입시 공부에 지친 한국 학생들에게 미국 교육은 도움이 될 것 같다. 나도 한국에서는 입시 공부에 지쳐 있었기 때문이다.

그렇다고 해서 미국 학교가 공부를 중요하게 생각하지 않는 것은 아니다. 물론 중요하게 생각한다. 하지만 한국처럼 수면 부족에 학업 스트레스가 세계에서 가장 높은 수준이 될 때까지의 강요는 하지 않는다. 미국은 학생의 건강과 선택을 최우선으로 중시한다.

자신만의 삶의 기준을 정립하는 교육의 중요성

유학을 통해서 많은 것을 배웠는데, 그중 하나가 나의 성향이다. 전에는 기숙사 생활을 해 본 적이 없다. 그래서 걱정을 많이 했다. 그런데 우려와는 달리 잘했다. 나한테 잘 맞았고 좋았다. 나는 기숙사 체질인 것 같다.

기숙사의 가장 큰 특징은 하루하루 해야 할 일들이 규칙적으로 정해져 있다는 것이다. 덕분에 규칙적인 생활을 하는 것이 그렇게 어렵지 않았다. 나는 기숙사 생활을 통해 처음으로 규칙적인 삶을 살았다. 일찍 자고 일찍 일어나는 것도 규칙적으로 하니까 쉬웠다. 이것은 나에게 딱 맞는 생활 패턴이었다.

이처럼 기숙사 생활의 유익함 중 하나는 자신의 성향을 알게 된다는 점이다. 이 배움은 앞으로의 삶의 기준을 정하는데 많은 도움이 되었다. 살면서 자신만의 삶의 기준을 정립하는 일은 꼭 필요하다. 삶의 기준이 없다면 무엇을 해야 할지,

무엇을 하지 말아야 할지 모르고 흔들리게 된다. 그래서 우왕좌왕할 수밖에 없다. 하지만 잘 잡힌 삶의 기준은 요동치는 이 세상에서 흔들림 없이 중심을 잡게 해준다. 나침반과 같은 역할을 한다.

한국에서 가족들과 같이 살 때는 나의 성향에 대해 몰랐다. 그리고 알 기회도 없었다. 평생 모르고 살았을 수도 있다. 하지만 유학 경험을 통해 많은 사실을 배웠다. 그래서 경험은 중요하다. 유학 경험은 앞으로 인생을 사는 데도 많은 도움이 될 것이다.

경험을 위해서는 도전할 수 있는 용기가 필요하다. 그 용기는 우리의 결심에 달렸다. 실패가 두려워도 일단 도전해라. 그러면 일단 시작은 해낸 것이다. 도전을 쉽게 생각하면 하나도 어렵지 않다. 예전에는 가지 않았던 길로 한번 가봐라. 그러면 그것이 하나의 도전이다.

나는 나와 비슷한 성향을 가진 사람에게 기숙사 생활을 추천하고 싶다. 기숙사 생활의 또 다른 좋은 점은 건강해진다는 것이다. 하루 세 끼를 규칙적으로 먹고 생활하기 때문이다. 유학 초에는 한창 클 시기라 '카페테리아'로 향하는 밥 시간이 기다려졌다. (미국에서는 급식실을 '카페테리아'라고 부른다.)

한국에서는 건강에 신경 쓸 여유가 없었다. 공부만 하기에
도 바빴다. 하지만 미국에서는 여유가 생겨서인지 건강을 챙
기게 되었다. 몸에 좋은 음식을 챙겨 먹으려고 노력한다. 한
국에서는 내가 야채를 챙겨 먹는 모습을 상상할 수도 없었다.
그런데 미국에서는 생각날 때마다 챙겨 먹는다. 이것도 나의
성장 중에 하나다.

미국에서 가장 그리운 것 중 하나가 한국 음식이다. '한국
인' 하면 밥심이 가장 먼저 생각날 정도로 한국 음식 맛은 세
계 최고인 것 같다. 오랜만에 한국 음식을 먹으면 나도 모르
게 웃음이 새어나온다. 아마 외국에 사는 많은 한국인이 이
말에 공감할 것이다.

가족들과 떨어져 지내는 외국 기숙사 생활을 통해 나는 전
에는 알지 못했던 용감함과 책임감을 깨우쳤다. 새로운 환경
이 주는 배움은 크고 많다. 이전의 생활과는 다르며, 새롭기
때문이다. 그러니 새로운 환경을 두려워하지 말고 용기 있게
도전하라.

만약 실패가 두렵다면, "실패는 성공의 어머니"라고 한 에디슨의 명언을 기억해라. 참고로 에디슨은 수많은 실패를 하고도 좌절하지 않았다. 오히려 그것을 실패가 아니라 안 되는 이유인 '이치'를 발견한 것이라고 말했다. 이렇듯이 실패는 우리가 두려워할 존재가 아니다. 성공을 위한 하나의 과정일 뿐이다.

조그마한 배움들이 모여서 적절한 삶의 기준을 만든다. 나중에 나이가 들어 인생을 돌아봤을 때 그 기준들이 균형 잡힌 삶을 살도록 도와주었다는 사실을 깨달을 것이다. 기준이 하는 역할이 바로 어느 한쪽으로 지우치지 않게 중심을 잡아주는 것이기 때문이다.

기준에도 다양한 영역이 있다. 그러므로 모든 사람을 위한 기준인지 자신만을 위한 기준인지를 스스로 정립해야 한다. 그 정립을 위해서는 배움의 시간이 필요하다. 참고로 기준은 사람마다 다르다. 왜냐하면 속도와 수준이 모두 다르기 때문이다. 다른 사람보다 뒤쳐져 있다고 포기하지 마라. 꾸준함을 이기는 재능은 없다.

입시가 아닌 삶을 위한 공부

인생에서 공부는 떼어놓을 수 없다. 꼭 필요하다. 물론 내가 말하는 공부는 입시를 위한 공부가 아니다. 삶을 위한 공부다. 그리고 자신이 좋아하는 영역의 공부다. 공부는 자발적으로 할 때 가장 효과가 좋다. 만약 공부가 하기 싫다면 좋아하는 것부터 하면 된다.

제대로 공부한 경험은 인생의 밑거름이 된다. 그것은 나중에 인생의 승패를 좌우한다. 우리가 공부를 해야 하는 이유도 이것이다. 더 나은 인생을 살 수 있기 때문이다. 지식 체득이나 입시는 목표가 아니다. '진짜 공부'를 하면 더 큰 세상을 만나고 더 넓은 시야로 세상을 바라볼 수 있다. 우물 안 개구리 신분에서 벗어날 수 있다. 이것이 바로 진짜 공부다.

사실 세상에서 가장 효과적인 공부는 독서다. 독서는 '평생 혼자서' 할 수 있는 유일한 공부다. 인생의 질質은 공부의 정도와 비례한다. "아는 것이 힘이다"라는 말이 있듯이 많이 알수록 깊이 있는 인생, 더 큰 인생을 살 수 있다.

공부는 전쟁터에 나갈 때 적보다 더 강력한 무기를 가지고
나가는 것과 같다. 쉽게 말해 공부는 승리의 열쇠다. 공부는
많이 할수록 좋다. 배움에는 끝이 없기 때문이다. 이것이 바
로 학무지경學無止境이다. 또한 공부는 위기상황에서 자신을
지키고 변호할 수 있는 능력을 기르게 해준다.

앞서 말했듯 나는 평범한 학생이었다. 꿈도 없이 하루하루
를 살아갔다. 꿈이란 것을 생각할 여유가 없었다. 학원 스케
줄과 입시의 압박감으로 하루하루 지쳐 갔다. 한국에서 태어
난 이상 학원의 쳇바퀴에서 벗어날 수 없을 줄 알았다. 자포
자기식으로 학교를 다녔다.

한국에서는 밤 10시까지 학원 스케줄을 소화하는 것이 보
통이다. "몸이 멀어지면 마음도 멀어진다"는 속담처럼 가족
들과도 멀어지는 기분이었다. 하지만 유학 생활은 오히려 가
족 간의 사이를 더 돈독하게 만들어 주었다.

게다 미국의 교육은 한국과 달랐다. 학원 생활이 아닌 동
아리 활동이 필수였다. 거기다가 주말에는 체험 활동도 제공
해 주었다. 그래서 나는 아주 재밌는 학교생활을 했다. 그것

은 내 인생에 큰 변화를 가져다주었다. 한국에서는 상상할 수 없는 생활이었다.

또, 고등학생에게 반가울 정보가 있다. 우리 학교는 9학년부터 12학년까지 수업이 모두 3시 45분에 끝난다. 한국 고등학교 수업이 마치는 시간에 비하면 이르다. 그래서 아주 좋다. 학교가 끝나면 동아리 활동을 하러 가야 한다. 자신이 좋아하거나 관심 있는 분야의 동아리를 선택한다.

하지만 수업이 너무 일찍 끝난다고 부모님들이 걱정하실 필요는 전혀 없다. 미국의 기숙사 학교에도 한국의 야간자율학습처럼 2시간 동안 'Study Hall'이라는 숙제 시간이 있다. 그때는 기숙사 층마다 담당하시는 선생님도 계셔서 더 믿음이 간다. 참고로 Study Hall엔 모든 학생이 무조건 참여해야 한다. 그리고 'Curfew'라는 통금시간도 있다.

이처럼 한국처럼 빡빡하진 않지만 미국에도 열심히 공부하도록 돕는 시스템은 구축되어 있다. 이 자유 속에서 우리는 더 발전할 수 있다. '자유'는 남에게 구속받거나 무엇에 얽매이지 않고 자기 마음대로 행동하는 일 또는 상태를 의미한다.

우리는 로봇이 아니다. 우리에겐 생각과 감정이 존재한다. 그래서 주입식 교육은 맞지 않다. 강요보다는 자유로움이 존재할 때 우리는 한층 더 성장할 수 있다. 인간을 위대하게 만든 특별한 능력 하나는 바로 창의력이다. 강압은 창의력의 적이다. 하지만 자유는 창의력의 원동력이다.

그렇게 나는 이전보다 더 열심히 살게 되었다. 한국에서는 공부'만' 할 줄 알았다. 삶을 위해 할 수 있는 노력에 무엇이 있는지는 생각도 해본 적이 없다. 하지만 유학 생활을 통해 인생을 깨달았고, 공부가 아닌 삶에 내 초점을 맞추게 되었다. 많은 변화와 큰 성장이다.

세상을 폭넓게 바라보는 통찰력을 기르다

유학을 온 이후로는 세상을 보는 관점이 달라졌다. 유학을 막 시작했을 때는 마냥 어리기만 했다. 나이와 비례한 경험이 적은 만큼 생각도 미숙했다. 어떤 지혜는 나이, 세월 말고는 얻을 수 있는 방법이 없다.

자기계발을 원한다면 가끔이라도 혼자만의 시간을 가지는 일이 가장 중요하다. 혼자만의 시간을 두려워하지 말고 즐겨야 한다. 그래야 비로소 인생의 한 단계를 넘어 다음 단계로 나아갈 수 있다. 이것이 바로 성장이다.

미국에서는 가족들과 떨어져 지내므로 의도치 않게 이런 시간을 많이 가지게 되었다. 한국에서는 이런 시간이 존재할 수 있는지도 몰랐다. 참고로 나는 이런 시간을 즐길 줄 알고, 좋아한다. 많은 생각을 할 수 있고 자기계발을 통해 한층 더 성장한 기분이 들기 때문이다.

사색은 많이 할수록 좋다. 마치 공부처럼. 생각을 단련하면 단련할수록 생각을 잘 정리하는 방법을 터득할 수가 있다. 이 방법은 해결책을 낳고 우리의 걱정을 줄여 준다. 참고로 생각에는 무한한 힘이 있어서 생각할수록 우리에겐 힘이 생긴다.

힘들 때 생각을 정리하는 법을 터득한 사람은 그 상황을 쉽게 이겨낼 수 있다. 불안과 걱정이 우리를 힘들게 하는 주된 원인이기 때문이다. 생각을 정리하는 법은 어렵지 않다. 많은 사람들이 방법을 모를 뿐, 단련하면 누구나 쉽게 터득할 수 있다.

불안과 걱정을 떨쳐내는 가장 간단한 방법은 나를 불안하게 하는 원인을 찾는 것이다. 먼저 '정확히 무엇이 나를 불안하게 하는가?'를 깊이 생각하라. 그리고 원인을 발견하라. 그러면 막상 그 일이 별것 아니라는 것을 알게 된다.

나는 유학을 통해 깊게 생각하는 법을 배웠다. 인생을 살면서 가끔 생각이 많아지는 시기가 온다. 그때는 그것을 장애물이 아닌 기회로 생각해야 한다. 그리고 그 기회를 붙잡아야 한다. 생각은 결코 쓸모없는 것이 아니다. 생각을 통해 나아가는 일은 인생에 엄청나게 큰 영향을 미친다.

이 외에도 나는 모든 상황을 다양한 관점에서 보게 되었다. 깊게 생각하고 고민하는 법을 배웠기 때문이다. 흔히 '통찰력'이라고 불리는 영역이다. 살며 우리를 심란하게 만드는 갈등이 생기는 이유는 서로 의견이 달라서다. 그런데 조금만 생각해 보면 갈등이 생기지 않을 수 있다. 내가 먼저 상대방의 입장에서 생각해 보면 그 감정과 상황을 충분히 이해하고 먼저 배려할 수 있다.

이제는 길을 걷다가 나무를 보고도 생각에 빠진다. 나뭇잎을 보면 나뭇잎처럼 살고 싶다. 산을 보면 산처럼 살고 싶다. 바다를 보면 바다처럼 살고 싶다. 성장을 하면 할수록 전에는 몰랐던 것을 본다. 모든 삶과 자연, 사물에는 배울 점이 있다.

"만약 날씨가 순리라면, 가끔은 나뭇잎이 의지와 상관없이 바람에 따라 흔들리는 것과 같은 인생을 살고 싶다. 왜냐하면 나무가 바람을 따라 흔들린다고 해서 나무로서의 역할을 못 맡거나 못하는 것이 아니기 때문이다. 그저 삶에 필요한 하나의 성장 과정을 겪는 것뿐이다."

이 글처럼 나도 살고 싶다. 다른 사람처럼 사는 것이 아니다. 내가 내 삶의 주인이 되어서 사는 것이다. 그래야 살았다고 말할 수 있다. 그리고 내가 살아 있음을 느낄 수 있다. 이것이 진정한 삶이다. 다른 사람의 삶을 흉내내면 그것은 진정한 내 삶이 아니다.

　세상에는 열심히 사는 사람들이 정말 많다. 그런 사람들은 주변에 좋은 영향을 끼친다. 자신도 열심히 살고 주변 사람도 그렇게 살도록 동기를 부여하는 것이다. 인생은 한 번뿐이다. 그러니 하루하루를 가치 있게 사는 것이 중요하다. 스스로 가치 있는 인생을 살았다면 성공한 인생이라고 할 수 있다.

진짜 자신의 꿈을 발견하고 추구하는 삶

예전에는 누군가가 내게 꿈을 물어보면 쉽게 답했다. 하지만 진짜 내 꿈은 없었다. 내가 진정으로 뭘 좋아하는지 몰랐기 때문이다. 또, 어떤 일이 내가 진짜 좋아하는 일인지 나 스스로 확신하지 못했다. 꿈에 도전한다는 것은 상상조차 못할 일이었다.

하지만 유학을 온 이후로 꿈을 향한 도전은 두려운 일이 아닌 즐거운 일이 되었다. 일단 유학을 결심한 것 자체가 큰 도전이었다. 도전은 진실한 꿈의 길잡이다. 누구나 처음에는 자신이 좋아하는 것이 무엇인지 모른다. 자신을 알기 위해 끊임없이 도전한 사람만이 알게 된다.

나 역시 수많은 도전을 통해 좋아하는 일을 찾은 케이스다. 그렇기 때문에 살면서 적어도 한 번쯤은 남들이 해보지 않았던 일에 도전하는 데에는 충분한 가치가 있다고 생각한다. 도전을 마다하지 않을 용기가 있다면 당신도 충분히 만족

할 만한 발견을 할 수 있다.

수많은 도전을 통해 찾게 된 나의 가장 큰 꿈은 모든 사람이 행복해지는 것이다. 아무도 아프지 않았으면 좋겠다. 공평하게 모두가 행복했으면 좋겠다. 누구는 행복하고 누구는 불행한 삶을 사는 것은 가혹하다. 모든 사람에게는 행복할 권리가 있다.

우리 모두는 특별하다. 경쟁 사회에 가려 서로의 특별함이 보이지 않는 것뿐이다. 소수의 사람들은 엄청난 노력을 통해서 그것을 지켜 낸다. 하지만 대부분의 사람들은 평생 자신의 특별함을 모른 채 살아간다.

미국의 사상가이자 문학가인 헨리 데이비드 소로우의 말을 빌리자면, 대부분의 사람은 조용한 절망 속에 살아간다. 특별함을 발견한지 못한 채 살아가기 때문이다.

다시 말해 우리는 모두 소중한 존재다. 그러므로 자신이 잘하는 것이나 좋아하는 것을 모르겠거나 아직 찾지 못했다고 좌절하지 마라. 실패조차 두려워할 필요가 전혀 없다. 넘어졌다면 훌훌 털고 다시 일어나면 된다.

사실 나도 처음부터 이런 마인드를 가지고 있었던 것은 아니다. 한국에서는 공부에 치여 사는 평범한 중학생이었다. 그렇다고 공부를 특별하게 잘하지도, 특별한 재능을 가지지도 않은 학생이었다. 그저 평범한 낙관주의자였다.

하지만 나는 이 짧은 삶 속에서 꿈도 발전한다는 사실을 깨달았다. 시간이 지날수록 조금씩 꿈이 커졌다.

한줄기 빛만큼의 가능성이라도 보인다면 시작이다. 정말 시작이 반이다. 처음이 가장 어렵다. 하지만 시작했다면 가장 큰 고비는 넘긴 것이다. 그러니 지금 당장 시작하라.

만약 하고자 하는 의지가 조금이라도 있다면 일단 도전하라. 해보지 않고서는 아무것도 알 수 없다. 성공도 실패도 모두 가능성만으로 남는다. 예전에는 하기 싫었던 일도 그렇게 접근하니 갑자기 좋아하고 잘하는 것이 되었다. 정말 놀랍고 신기했다.

좋아하는 일을 찾아 자신의 강점으로 만들어라. 그러면 자신감이 생긴다. 하지만 그것이 장점이 될지 단점이 될지는 자신만이 정하는 것이다. 만약 넘어져도 철옹성 같은 자신감으로 쉽게 일어난다면 그것은 장점이 될 것이다. 하지만 넘어지는 것을 두려워하는 정도의 자신감이라면 단점이 될 것이다.

무엇보다 선택의 연속인 인생에 정답은 없다. 인생의 정답은 스스로 만들어 가는 것이다. 자신의 선택에 책임을 질 수 있다면 후회 없는 인생을 살 것이다. 나무를 보지 말고 숲을 봐야 한다. 그리고 인생은 길게 내다봐야 한다. 지금 당신이 겪는 고통은 노력을 통해 결국 오게 될 눈부신 미래에 비하면 사소하다.

지금 절망 속에 나날을 보내고 있어서 이 말에 반문하고 싶은 사람이 있을 수도 있다. 그러면 나는 '미래는 아무도 모른다'는 말을 꼭 해주고 싶다. 사람들은 성공 뒤에 숨어 있는 엄청난 노력에는 관심이 없다. 그저 성공한 결과만을 보고 자신과는 다르다며 한탄한다. 하지만 숨은 노력이 없었다면 성공은 존재하지 않았을 것이다.

연필 한 자루만 생각하더라도 그렇다. 연필만 봤을 때는 별것 아닌 것 같다. 필요할 때 언제든 살 수 있기 때문이다. 한정되어서 못 구하는 물건이 아니다. 하지만 지금 손에 쥐고 있는 그 연필 한 자루에는 엄청난 비밀이 숨어 있다.

연필을 만들기 위해서는 먼저 연필의 원재료인 흑연을 광부가 원산지에서 채취해야 한다. 그리고 그것을 이동시켜 줄 배달원이 필요하다. 그다음 공장에서 가공해야 한다.

우리의 노력은 이 연필 한 자루를 만드는 노력에 비하면 아무엇도 아니다. 우리의 삶을 위해서는 이 연필 한 자루를 만들기 위해 투자한 시간과 노력과는 비교도 안 될 정도로 더 많은 시간과 노력이 필요하다.

제 5 부

. . . .

미국 유학을
꿈꾸는 청소년에게

목표는 분명하고 클수록 좋다

목표가 있는 사람과 없는 사람의 차이는 어마어마하게 크다. 영국의 평론가이자 역사가인 토머스 카알라일은 이렇게 말했다.

> "명확한 목적이 있는 사람은 가장 험난한 길에서조차도 앞으로 나아가고, 아무런 목적이 없는 사람은 가장 순탄한 길에서조차도 앞으로 나아가지 못한다."

이 말처럼 목표를 가지고 사는 일은 중요하다.

분명한 목표는 추진력과 방향 설정이라는 유익을 준다. 이것들이 모여 시너지 효과를 내고 더 큰 힘을 보탠다. '시너지 효과'란, 전체적 효과에 기여하는 각 기능의 공동 작용이나 협동을 말한다.

분명한 목표를 가진 사람은 항상 의욕이 넘친다. 그 이유는 분명한 목표가 가져다주는 희망과 비전 때문이다. 특히 그 목표가 좋아하는 일과 관련된 사람은 남들보다 더 많은 성과를 낸다. 뿐만 아니라 목표를 달성하는 과정 자체를 즐길 수 있다.

살아가며 인생의 목표는 수없이 바뀐다. 아직까지 분명한 목표를 정하지 못한 사람도 분명 많을 것이다. '절차탁마切磋琢磨'라는 속담처럼 목표도 갈고닦아야 한다. 이 과정을 거쳐야 비로소 시련과 고난에도 끄떡없는 목표를 세울 수 있다.

물론 일만 하기에도 충분히 바쁜 삶이라고 생각할 수도 있다. 하지만 목표를 세우는 과정은 나중에 나비효과를 일으킨다. 그러니 지금 당장 목표를 세워라. 목표가 작더라도 상관없다. 키워 나가면 되기 때문이다.

목표를 세웠다면 그 다음은 계획이다. 계획이 '목표의 발자취'라는 사실을 아는가? 계획을 세우고 잘 지키다 보면 목표에 쉽게 도달할 수 있다. 그러니 계획을 세우는 습관을 들이고 재미를 붙여라. 그러면 목표에 한 발자국 더 가까워질 수 있다.

나는 유학 온 이후로 크고 작은 계획을 밥 먹다시피 세웠다. 재미있기도 했고, 계획을 세우면 그만큼 하고 싶은 의욕이 생겼다. 계획을 세움으로써 인생을 주도적으로 개척해 나간다는 느낌도 받았다. 지금은 그때만큼 많은 계획을 세우지는 않는다. 하지만 여전히 습관으로 몸에 배어 있다. 그래서 무엇을 결심하든 그다음엔 항상 계획을 짜곤 한다.

목표가 분명한 계획은 목표 달성의 지름길이 된다. 하지만 잘못된 계획은 없느니만 못하다. 상상과는 전혀 다른 목표로 인도하기 때문이다. 그래서 내가 보통 계획을 세울 때는 그 계획이 목표와 잘 어우러지는지를 여러 번 확인한다.

어떠한 상황에든 길은 있다. 그러니 좌절하고 포기하지 마라. 만약 목표가 없다면 그것은 오히려 새로운 길을 찾을 기회다. 하지만 이미 목표를 가진 사람이라면 먼저 분명한 계획을 세울 것을 추천한다. 다시 말하지만 계획은 목표의 발자취이기 때문이다.

나는 예전에 한창 계획을 많이 세웠을 때에는 공책에 인생 타임라인을 만들고, 80세까지의 크고 작은 계획들을 기록했다. 그리고 그것이 이루어질 것이라고 믿었다. 목표는 동기부여가 되고, 달성해 낼 수 있는 용기를 주었다. 그 용기는 내면에서 잠자는 능력을 깨워 주고, 하루하루의 실천을 돕는다.

팁을 하나 더 주자면, 이왕이면 크고 대범하고 위험한 목표를 세워라. 목표보다 더 큰 인생을 살 수는 없다. 우리 자신이 스스로 얼마나 더 크고 폭넓은 인생을 살 수 있는지는 실제로 살아 보기 전에는 알 수 없다.

대통령이 되고도 남을 사람이 있다. 하지만 목표가 작아 그보다 더 못한 인생을 살게 된다면 말이 되겠는가? 얼마나 안타까운가? 그러나 대부분의 사람이 그렇게 살고 있다. 목표가 작기 때문에 작은 인생을 사는 것이다. 인생은 한 번뿐, 인생의 최고의 낭비는 목표를 작게 가지는 것이다.

태양빛을 본 사람은 촛불 정도에 연연하지 않는다. 목표가 크다는 것은 촛불이 아닌 태양빛을 보는 일이다. 담대하고 위험해 보이는 큰 목표를 가진 사람들은 작은 실패에 연연하지 않는다. 담대하고 위험하고 큰 목표가 가져다주는 위대함과 강력한 힘 때문이다.

그처럼 큰 목표를 가지면 최대한으로 노력할 수 있고, 마음껏 도전하고 또 도전할 수 있다. 마치 마음껏 뛰어놀 수 있는 큰 운동장을 스스로에게 제공하는 것과 같다. 목표는 크고 위험하고 대범할수록 좋다. 자신이 독수리일지도 모르는데 참새라고 생각하며 산다면 너무 어리석고 안타까운 일일 것이다. 명심하라. 당신은 참새가 아니라 독수리다. 행운을 빈다!

좁은 한국에만 있을 필요는 없잖아

세계 나라 중 한국의 땅 면적 순위는 세계 107위다. 하지만 지금 내가 공부하는 미국의 면적은 세계 3위다. 물론 영토의 크기보다 중요한 것은 마인드의 크기다. 하지만 영토가 넓으면 편리하고 좋은 점이 많다.

'의식주衣食住'란 사람이 살아가는 데 필수적으로 필요한 3가지 요소를 의미한다. 그중 하나가 바로 집이다. '살 주住'라는 한자는 '살다, 거주하다'라는 뜻을 갖고 있다. 우리가 거주하는 곳이 우리 인생에 큰 영향을 끼친다는 사실을 알 수 있다.

사는 공간이 넓으면 마음가짐도 넓어진다. 넓은 마음가짐은 우리가 틀에서 벗어나 창의적인 생각을 할 수 있도록 도와준다. 인간은 보통 넓고 자유로울 때 편안하다고 느낀다. 제한되거나 구속받는 것이 없기 때문이다.

편안할 때, 우리는 실력을 제대로 발휘할 수 있다. 긴장하면 실수하기 마련이다. 그래서 많은 사람이 중요한 일을 앞두었을 때, 긴장하지 않기 위해 노력한다. 만약 그러한 상황이라면 생각을 조금만 바꾸면 된다. 별것 아니라고 생각해라. 그러면 긴장을 조금이라도 풀 수 있다.

내가 미국에 왔을 때 처음 든 생각이 '거대하다'였다. 미국은 모든 것이 크다. 피자 한 조각도 앞서 말했듯 한국의 3배 정도다. 그리고 미국의 일반 벌도 한국의 2배다. 나는 이것에 흥미를 느꼈다.

사람의 마인드는 보고 듣고 느끼는 것에 따라 달라진다. 만약 좁은 것만 보고 살았다면 그 이상의 것은 상상도 못할 것이다. 하지만 넓은 것을 보고 살았다면 넓은 것을 당연한 것으로 느낀다. 그래서 우리는 나무가 아닌 숲을 보며 살아야 한다. 큰 세상을 경험하면 자신도 모르는 사이에 그릇이 큰 사람이 된다.

코끼리가 새끼일 때는 자신을 묶어 놓은 말뚝에서 탈출하기 위해 온 힘을 다 쓴다. 하지만 말뚝을 뽑을 수가 없다. 그래서 그 새끼 코끼리는 말뚝을 뽑을 수 없다는 생각을 반복해서 하게 된다. 반복되는 부정적인 생각은 확고한 생각의 틀을 만든다. 생각의 틀이 형성되면 이후에는 그것을 깨는 것이 매우 힘들다.

이후 자란 어른 코끼리에게는 말뚝을 뽑을 만한 충분한 힘이 있을 것이다. 하지만 생각의 틀 때문에 말뚝을 뽑지 못한다. 그렇게 평생 말뚝에 매달려서 사는 것이다. 새가 새장에만 있는 이유도 그렇다. 인간도 마찬가지다. 자신이 머무는 곳이 자신의 한계선이라고 생각한다. 그래서 충분히 벗어날 수 있음에도 나올 생각을 하지 않는다.

물론 땅이 넓다고 다 좋은 점만 있는 것은 아니다. 안 좋은 점도 있다. 미국은 엄청나게 넓어서 미국에 산다면 차가 필수다. 집에서 가장 가까운 슈퍼에 가려고 해도 차가 필요할 정도로 거리가 멀기 때문이다. 한국처럼 슈퍼를 걸어서 가는 일이 불가능하다.

그래서 미국 학교에서 공부하는 외국 학생들은 택시비가 많이 든다. 걸어서 갈 수 있는 곳이 거의 없기 때문이다. 미국에서 가장 유명한 택시는 '우버'다. 참고로 우버는 시간대에 따라 가격이 천차만별이다. 그래서 우버를 탈 때는 타이밍을 잘 노리는 것을 추천한다.

그럼에도 미국에 오길 잘했다고 여기는 것은 좁은 곳에만 머물면 더 큰 꿈을 꾸지 못하기 때문이다. 이것이 바로 주변 환경이 우리에게 미치는 영향이다. 그러므로 우리는 자의식을 가지고 더 큰 꿈을 꾸기 위해 노력해야 한다. 만약 이것이 어렵다면 먼저 넓고 큰 세상을 많이 접하는 것이 중요하다. 다행히 요즘에는 세상이 많이 발전되어서 원하는 체험을 접하기 쉽다.

생각을 최대한 크게 하라. 생각에는 앞서 말했듯 제한이 없다. 현실에서는 자유를 찾기가 조금 힘들 수도 있다. 하지만 생각은 무한하다. 이것을 한 단어로 정리하면 '상상력'이다. '상상력'이란 실제로 경험하지 않은 현상이나 사물을 마음속으로 그려 보는 힘이다.

우리 모두에게는 희망이 있다. 그리고 무한한 가능성이 있다. 지금 처한 상황에 불평하지 마라. 그것을 이용하라. '위기가 곧 기회'라는 말을 기억하라. 그리고 마음속에만 새기지 말고 직접 활용하자.

무조건 좋기만 한 것은 없다

유학 생활을 하다 보면 가족이 보고 싶을 때가 있다. 영상 통화도 하지만 한계가 있다. 바빠서 연락도 자주 못하지만, 아무리 바빠도 일주일에 한 번은 꼭 전화한다. 보통 매주 토요일마다 했다.

어린 나이에 혼자 가는 유학이 쉬운 결정은 아니다. 지금 생각하면 유학은 정말 내 인생에서 가장 큰 도전이었다. 도전에는 '1+1'처럼 항상 위험이 따른다. 그 위험을 감수하는 자만이 도전을 한다.

모든 사람이 도전에는 위험이 따른다는 사실은 안다. 한 번도 도전을 해본 적이 없는 사람조차 알고 있을 것이다. 많은 사람이 도전을 두려워하는 이유도 바로 이것이다. 하지만 도전하기로 결심한 사람은, 같은 사실을 알면서도 용기를 잃지 않는다. 우리는 그 용기를 배워야 한다.

우리 학교는 기숙사 한 방을 총 3명이 같이 쓴다. 관점에 따라 많다고 생각할 수도 있고, 적당하다고 생각할 수도 있다. 1년 넘게 지내 본 입장으로는 나쁘지 않았다. 나는 한국 친구들보다 외국 친구들과 방을 쓰는 것이 좋다고 생각한다. 영어를 자주 쓸 수 있기 때문이다. 영어 실력을 훨씬 더 향상할 수 있다.

여기서는 전염병이 한번 돌기 시작하면 큰일난다. 기숙사라 다 연결되어 있기 때문이다. 그래서 미리 예방하는 것이 중요하다. 예를 들면, 손을 자주 씻거나 마스크를 쓰면 좋다. 다행히 학교 보건실에서 마스크나 손세정제 정도는 제공해 준다.

예전에 룸메이트가 기침감기에 걸렸다가 나한테 옮겼다. 그래서 일주일동안 고생했던 기억이 있다. 만약 룸메 중 1명이라도 몸이 안 좋거나 아프다면 그날은 한 방을 쓰는 모두가 컨디션이 좋지 않다. 그래서 기숙사에서 지낼 때는 스스로 건강을 챙겨야 한다.

미국에 올 때 가장 추천하고 싶은 것은 다양한 상비약이다. 미국에서는 필수용품이라고 할 수 있다. 왜냐하면 미국의 병원비가 엄청나게 비싸기 때문이다. 그래서 미국에서는 건강을 잘 챙겨 아프지 않는 것이 최고다.

처음 병원비 이야기를 들었을 때는 조금 겁이 났다. 왜냐하면 사람이 갑자기 다치는 경우까지 예측할 수는 없기 때문이다. 하지만 다행히 미국에서 지낸 1년 동안 감기 증상 외에는 아픈 적이 없었다. 그래서 다행이라고 생각한다.

모든 일에는 좋은 점과 안 좋은 점이 함께 있다. 그러니 안 좋은 점을 원망만 하면 안 된다. 왜냐하면 안 좋은 점을 좋은 점처럼 잘 활용하면 도움이 되기 때문이다. 이는 세상의 이치다. 동전에 양면이 있고, 낮과 밤, 빛과 어둠이 있는 것과 같다.

인생을 살 때는 안 좋은 점이 아닌 좋은 점에 초점을 맞추고 살아야 한다. 안 좋은 점에 초점을 맞추면 부정적으로 생각할 수밖에 없다. 이것은 내 인생 팁 중에 하나다.

같은 상황이라도 관점에 따라 아웃풋이 다르다. 어떤 사람은 너그럽게 넘기는 반면, 어떤 사람은 심각한 스트레스를 받는다. 가끔은 스트레스가 인생에 자극을 주어 도움이 될 수도 있다. 하지만 평소에는 너그러운 마음을 가지는 것이 건강에 좋다.

너그러운 마음을 가지면 조급함이 사라진다. 조급해서 좋은 것은 하나도 없다. 우리는 보통 걱정하거나 불안할 때 조급해진다. 조급해지면 경거망동輕擧妄動하게 되고 실수하게 된다. 늘 침착한 사람이 실수도 하지 않고 일도 제대로 해내는 경우가 많다.

이렇게 보면 유학이 무조건 좋다고만 할 수 없다. 안 좋은 점도 있다. 하지만 나는 안 좋은 점보다는 좋은 점에 초점을 맞췄다. 그랬더니 많은 변화가 생겼다.

그중 하나가 항상 긍정적으로 생각하는 습관이다. 만약 큰일이 생긴다 해도 걱정부터 하지 않는다. 그 상황을 긍정적으로 보기 위해 노력한다. 그리고 현실적인 방안을 찾아본다. 걱정해서 달라질 것은 없기 때문이다.

조금 멋지게, 남과 다르게, 살기로 했다

유학을 온 이후 내 인생엔 많은 변화가 있었다. 그중에서도 가장 큰 변화는 나의 마음가짐이다. 예전에는 다른 사람들이 하는 만큼만 하고 살면 된다고 생각했다. 하지만 유학을 통해 많은 것을 깨닫고 배웠다. 그래서 그 이후부터 남들과 다른 삶을 살고 싶어졌다.

그래서 남들과 다르게 살기로 결심했다. 내 평범한 삶의 마침표를 찍은 것은 바로 도전이다. 나는 도전으로 인생의 가장 중요한 것을 배우고 얻었다. 물론 이것과 비례해서 잃은 것도 있고 과정도 순탄치 않았다. 그럼에도 불구하고 도전한 것을 후회하지 않는다.

만약 도전하지 않았다면 나는 아직도 방황하고 있었을 것이다. 방황은 고독과 인내의 시간으로 미리 쌓아 둔 것이 없다면 이겨내기 힘들다. 나 역시 아무 목표도 없이 시작해 끝까지 견뎠으므로 다른 사람도 충분히 해낼 수 있다고 확신한다.

쉽지 않은 일을 해낸 경험은 무엇보다 값진 추억으로 기억 한편에 자리잡는다. 그 승리의 기억은 계속 떠오를 것이다. 그를 토대로 당신의 인생은 한 발자국 더 나아갈 수 있을 것이다. "100번의 말보다 1번의 행동이 더 낫다"는 말은 이런 뜻이다.

나는 도전을 추천하는 것을 넘어 모든 사람의 인생의 과제가 도전이 되었으면 한다. 이렇게 말하는 데는 이유가 있다. 인생을 뒤집을 수 있는 유일한 것이 바로 도전이기 때문이다. 누군가에겐 도전이 공부일 수도 있고, 운동일 수도 있고, 음악일 수도 있다. 그것이 무엇이든 간에 일단 해보기를 추천한다. 정말 사소한 것이어도 괜찮다. 처음에는 누구나 그렇게 시작하는 것이다.

시작부터 큰 도전을 하면 벅찰 수 있다. 또, 처음부터 욕심을 부리면 금방 지쳐 포기하기 쉽다. 그러니 처음에는 천천히 조금씩 도전해라. 이것이 나의 도전 팁이다. 나도 성급할 때가 있었다. 다른 사람보다 뒤쳐지는 것이 싫었기 때문이다.

하지만 도전을 통해 더 중요한 사실을 깨달았다. 인생의 경쟁자, 즉 뛰어넘어야 할 대상은 다른 사람이 아닌 자기 자신이라는 점이다. 그래서 이제는 다른 사람이 아닌 나 자신에게 포커스를 맞추게 되었다. 이것은 내 인생의 또 다른 터닝 포인트가 되었다.

도전하는 삶은 엄청나게 멋지다. 그러니 도전에 자부심을 가져라. 넘어지더라도 괜찮다. 천천히 가도 좋다. 다시 일어나기만 해라. 왜냐하면 승부는 결국 포기하지 않는 마음가짐에서 결정 나기 때문이다.

어릴 때 적어도 한 번은 〈토끼와 거북이〉를 읽어 본 적이 있을 것이다. 이 이솝 우화는 "포기하지 말고 천천히 꾸준히 지속해라"는 교훈을 전한다. 이 교훈에는 내가 전하고 싶은 메시지가 2개나 들어 있다. 바로 '포기하지 말자'와 '꾸준히 하자'이다.

나는 인생에서 〈토끼와 거북이〉 속 거북이가 되고 싶다. 왜냐하면 항상 침착하기 때문이다. 사실 나는 토끼처럼 성격이 조금 급한 편이다. 그래서 거북이처럼 느긋한 성격을 가지고 싶다는 생각을 가끔 한다.

남들과 다르게 사는 방법은 어렵지 않다. 평범함을 벗어 버리면 된다. 하지만 많은 사람은 벗어날 생각조차 하지 않는다. 바로 그 평범함이 주는 안정감과 안도감 때문이다. 스스로의 가치를 만드는 인생을 살고 싶다면 지금 당장 '보통의 사고'에서 벗어나라.

한 번 뿐인 인생을 도전 한번 못해 보고 죽는다면 얼마나 후회가 되겠는가? 도대체 무엇이 두려운가? 실패 한번 한다고 죽지 않는다. 오히려 기회가 될 수도 있다. 도전하지 않는 삶은 눈앞에서 번번이 기회를 놓치는 삶과 같다.

지금 당신의 인생이 평범하다면 당장 승부수를 던져라. 우리의 미래가 어떻게 바뀔지는 아무도 모른다. 한 치 앞도 못 보는 것이 바로 인생이다. 가만히 있으면 변하는 것은 하나도 없다. 그럴 바에는 실패라도 하는 편이 훨씬 낫다. 차라리 실패해라. 그러면 깨닫는 것이 분명 하나쯤은 있을 것이다.

용기만 있다면 도전할 가치는 충분하다

어떤 일에든 도전하게 된 첫 계기는 '공부가 하기 싫어서'였던 것 같다. 학생 때는 공부 빼고 모든 일이 재밌다. 학생이라면 모두 공감할 것이다. 그러니, 생각해 보면 도전이 재미있었던 이유 중 하나도 그 일이 '공부가 아니었기 때문'이 아닐까 싶다.

물론 도전이 쉽지는 않았다. 그럼에도 포기하지 않게 해준 것은 의지였다. 이 점에서 과거의 나에게 고맙다. 만약 유학조차 중도에 포기했다면 내 성장도 멈추고 미래도 불투명해졌을 것이다. 분명한 한 가지는 가장 중요한 지금 내가 누리는 이 성취감과 성장과 미래에 대한 비전은 나와 함께 존재하지 못했을 것이다.

이제 인생에서 가장 값진 교훈은 '도전'이다. 나는 인생의 목적을 도전을 통해 찾았다. 그 목적은 '진정으로 좋아하는 일을 찾는 것'이다. 막상 좋아하는 일을 깨닫고 찾았을 때는 그것이 상상도 못했던 분야일 수도 있다.

도전을 통해서는 잃은 것보다 배우는 것과 얻는 것이 훨씬 많다. 그래서 용기만 있다면 어떤 일에든 도전할 가치는 충분하다고 생각한다. 물론 나는 수없이 많은 도전을 해왔다. 하지만 그중 인생을 바꾼 도전은 단 하나다. 다른 도전들에서는 얻은 것보다 잃은 것이 더 많았다. 하지만 그 수많은 도전들이 결국 인생을 바꾼 단 하나의 도전으로 나를 안내해 주었다.

이처럼 단 하나의 도전이 과거 수없이 많은 실패와 고난이라는 발판과 맞바꿔질 수 있다. 별것 아닌 듯했던 작은 도전들은 나비효과를 일으켰다. 어느 한 곳에서 일어난 나비의 작은 날갯짓이 뉴욕에 태풍을 일으키듯, 작은 차이가 모여 큰 변화를 창조한다.

실패도 용기 있는 자만 할 수 있다. 용기가 없다면 도전도 할 수 없기 때문이다. 그래서 실패할 일도 없다. 다른 말로 성공할 일도 없다는 말이다. 마치 '0'과 같다. 0은 '아무것도 없음'을 의미한다. 물론 동시에 아무것도 시작하지 않았으므로 무한한 가능성을 의미하기도 한다.

만약 지금 인생이 지루하고 힘들다면 무엇에든 도전을 해보라. 자신이 예전에는 먹지 않던 음식을 먹는 일도 하나의 도전이 될 수 있다. 또는, 예전에는 가보지 않았던 길로 걸어보는 것도 하나의 도전이 될 수 있다. 처음에는 이렇게 사소하게 시작하는 것이다.

그다음에는 도전에 흥미를 붙여라. 그러면 누구보다 용감한 사람이 될 것이다. 처음에는 성취감을 느끼는 것이 중요하다. 그래야 흥미도 생기기 때문이다. 그렇게 노력하지 않는다면 도전은 어려운 것이라는 생각의 틀에서 벗어나기 어렵다.

크고 작은 무수한 도전 중에는 당연히 '실패'도 있기 마련이다. 예를 들어 새로 먹길 시도한 음식이 입맛에 맞지 않는다면 돈 낭비를 했다는 생각이 들 것이다. 하지만 그 실패를 통해 그 음식이 자신의 입맛과 정말 맞지 않는다는 정보를 얻을 수 있다. 그런 다음 그 음식을 안 먹으면 되는 것이다.

이처럼 도전과 실패는 우리에게 크고 작은 배움을 준다. 100%의 실패는 없다. 그리고 그 배움을 통해 우리는 어떤 방식으로든 성장한다. 우리의 성장에는 끝이 없다. 성장의 크기를 키우는 일은 오직 자신에게 달려 있다. 이 사실을 명심해라. 100번 넘어져도 101번 일어날 용기를 가져라. 나는 당신이 충분히 해낼 수 있다고 믿는다.

이 책을 읽고 새롭게 도전하고 싶은 마음이 조금이라도 생겼다면 나는 그것만으로도 행복할 것 같다. 딱 한 번만 용기 있는 도전을 시도해 봐라. 인생이 바뀔 것이다. 성공까지 가는 길에 실패는 필수다. 그러니 실패를 두려워할 필요가 없다.

나는 도전을 통해 인생이 바뀐다고 확신한다. 그런데 가만히 있을 이유가 있나? 모 아니면 도. 둘 중 무엇이든 '0'이라는 상태보다는 낫다. 당신은 할 수 있다. 나도 할 수 있다. 우리는 모두 충분히 해낼 수 있다. 당신의 능력을 믿어 의심치 않는다. 당신은 그 무엇보다 소중하고 특별한 사람이다.

제 6 부

....

생애 최초의 미국 유학 일기 (한국어 & 영어)

I. 미국 유학 첫 일기_ 한글 일기들

- 미국의 첫날 2018년 10월 15일

아침에 비행기를 타고 한국에서 출발했다. 미국에 도착했는데 아침이었다. 첫날은 시차 적응도 안 돼서 외롭거나 심심할 틈이 없었다. 그냥 피곤하고 잠만 왔다. so 엄청 일찍 잤다. and 미국은 한국이랑 다르게 땅이 넓어서 그런지 집 하나도 엄청나게 크고 도로에도 횡단보도가 없었다. 그리고 걸어 다니는 사람도 거의 없었다. 집 앞 슈퍼를 갈 때도 걸어 다니는 건 불가능하고 무조건 차가 필요할 것 같다.

- 미국의 2번째 날 10월 16일

오늘은 학교 선생님을 만나서 English, Math시험을 봤다. 보자마자 바로 수업에 들어갔다. 한 10시쯤이었던 거 같다. 조금 놀랐기도 하고 걱정 반 기대 반이었다. 그래도 막상 가니까 친구들과 대화도 나눌 수 있어서 좋았다. 그리고 많은 친구들을 만났다. 부모님이 아침을 꼭 먹으라고 하셔서 먹겠다고 생각했다. 나는 어제 피곤해서 일찍 잠들었다. 그래서 일찍 일어났다. 아침을 먹으러 갔는데 한 20명 정도 있었던 것 같다. 나는 포도, 멜론, 파인애플을 먹었다. 그리고 맛있는 음료수처럼 보여 마신 음료는 별로였다. 어떤 건 엄청나게 시고 어떤 건 엄청나게 밍밍했다. 그 뒤 점심쯤에 다른 사람이 먹는 음료를 봤는데 오렌지랑 석류 같은 과일을 MIX한 음료였다. 그래서 나도 먹었는데 맛있었다. 스테이크도 나왔는데 맛있었다. 그런데 햄버거 같은 음식은 내 취향이 아니었다. 저녁에는 한국인 친구랑 언니랑 라면을 먹었는데 맛있었다. 오랜만에 라면을 먹었다. 오늘도 피곤해서 일찍 잘 것이다.

• 미국의 3번째 날 10월 17일

　오늘은 미국에서의 세 번째 날이다. 어제도 일찍 자서 일찍 일어났다. 일어나자마자 일단 씻고 아침을 먹으러 갔다. 오늘은 어제보다 더 사람이 적었다. 아마 한 8명 정도였다. 나는 오늘도 과일과 맛있는 음료를 먹었다. 오늘은 어제와 다르게 산책도 했다. 약간 정신이 말끔해지는 기분이었다. 어제보다 다른 아이들과 더 많은 대화를 했다. 그리고 동아리도 구경하고 음악실 사용도 신청했다. 수업 중에 갑자기 화재경보음이 울렸다. 그래서 다 같이 강당으로 이동했다.

- 미국의 4번째 날 10월 18일

오늘도 일찍 일어났다. 어제 10시쯤에 잤는데 말이다. 그래서 신기했다. 아직 시차적응 중인 것 같다. 그래서 7시쯤에 아침을 먹으러 갔는데 사람이 한 명도 없었다. 그리고 식사도 아직 준비 중이었다. 한 5분 뒤 오픈했는데 1명 정도 더 왔다. 오늘은 다른 날보다 내가 좋아하는 음식들이 많았다. 먹은 것은 초코머핀, 롯데리아 아침 메뉴로 파는 감자랑 포도, 망고멜론이다. 오늘 음식이 제일 맛있었던 것 같다. 아마 오늘이 블랙데이라서 그런 것 같다. 오늘 옷도 다 검은 색으로 맞춰 입었다. 그리고 어제처럼 운동장 비슷한 곳을 두 바퀴 돌았다. 상쾌했다. 운동하면 기분이 좋다. 앞으로 자주 운동을 해야겠다는 생각이 들었다. 오늘도 다른 친구들과 이야기를 많이 했다. 그리고 인사하는 친구들도 많이 생겼다.

- 미국의 8번째 날 10월 22일

오늘은 월요일이다. 이번 주말은 엄청 신났다. 왜냐하면 금, 토, 일(19~21일) 동안 가족들이랑 같이 있었기 때문이다. 오랜만에 만나니 엄청 반갑고 편하고 좋았다. 막상 만났을 때랑 처음 얼마간은 시차 적응이 다들 안 돼서 아무 생각이 없었던 것 같다. 하지만 만나고 나니까 마음이 더 강해졌다. 예를 들면 책임감이 더 강해졌다. 가족의 소중함을 더 깨달았다. 같이 쇼핑도 하고 랍스터도 먹고 내가 다닐 교회도 가보고 했다. 나는 다시 기숙사로 돌아왔고, 자기 전에 양치하며 거울을 보았는데 이제 가족들을 보는 일이 마지막이었다는 생각에 갑자기 울음이 복받쳐서 울 뻔했다. 그리고 정말 가족들이 보고 싶다는 생각이 들었다. 그전에도 몇 번 보고 싶다는 생각을 했었지만 이 정도는 아니었다. 아직 시차적응이 덜 된지라 좀 많이 피곤했다. 그래도 재밌었다. 가족들과 보낸 이번 주말에 영어가 많이 느는 것 같다. 그래서 조금 많이 신기했다. 오늘 한 친구 덕분에 어떤 연주실에서 드럼도 쳤다. 재밌었다.

- **미국의 9번째 날 10월 23일**

오늘은 화요일이다. 오늘은 9시부터 수업이 있는 날이어서 엄청나게 좋았다. 천천히 준비해도 된다. 수업 중간쯤, 내일 학교가 쉬는 날이라서 수업이 없다는 것을 알게 돼서 바로 가족들에게 알렸다. 왜냐하면 내일이 가족들이 마지막으로 미국에 머무는 날이라 얼굴은 볼 수 있겠다는 생각 때문이었다. 그래서 그 이후로부터 계속 기분이 들떴고 좋았다. 학교가 끝나고 부모님이 blue sleep(주: 미국 고등학교 내에서 외출 외박 등을 할 때 사전에 신청해야 하는 온라인 신청 시스템)을 하라고 해서 했다.

우버를 타고 학교에서 나가면서 가족들을 본다는 생각에 엄청나게 신났다. 오랫동안 간 뒤 우두버리 쇼핑몰에 도착했는데 아빠가 기다리고 있었다. 우버에서 자다 깨서 처음에는 비몽사몽이었다. 그리고 마켓 몰에 들어갔는데 동생이 유튜브를 보면서 기다리고 있었다. 엄마는 쇼핑을 하고 있었는데 나도 하고 싶어서 아빠랑 엄마한테 갔다. 쇼핑을 마치고는 맥도날드에서 동생이랑 chicken nuggets을 시켜서 먹고 엄마가 스테이크랑 감자튀김을 같이 파는 것도 맛있다고 추천해 줘서 게토레이랑 같이 먹었는데 맛있었다. 이 쇼핑몰이 물건을 정말 싸게 팔아서 이것저것 샀고, 동생과 내가 먹을 동안 아빠는 시계를 샀다. 그렇게 9시에 다 쇼핑을 하고 쉐이크쉑 버거를 먹으러 갔는데 거의 마감 때였지만 아직 주문이 된다고해서 먹었는데 맛있었다. 그리고 숙소에 가자마자 피곤해서 뻗었다.

- 미국의 10번째 날 10월 24일

아침에 진라면이랑 햇반을 교회에서 준 깍두기랑 먹었는데 엄청나게 맛있었다. 그리고 breakfast를 먹으러 엄마랑 아빠랑 1층으로 갔다. 다 먹고 숙소로 다시 돌아왔다. 이제 가족들은 한국으로 다시 가야 돼서 준비하고 아빠는 나를 다시 기숙사에 데려다줬다. 기숙사에 오기 전에 조금 울 뻔했다. 엄마랑 동생이랑 인사도 하고 아빠는 나를 기숙사에 데려다주면서 밥 잘 챙겨 먹고 학교 안이 제일 안전하다고 했다. 그리고 어차피 한 달 조금 뒤면 방학이라 다시 만나니 너무 슬퍼하지 말라고 하셨다. 나는 조금 울 뻔했다. 그리고 도착해 아빠랑 인사했다. 내가 기숙사에 도착했을 때는 거의 모두가 자고 있었다. 그래서 기숙사가 엄청나게 조용했다. 신기했고 나도 조금 잤다.

• 미국의 11번째 날 10월 25일

오늘은 목요일이다. 그래도 조금 시차적응이 됐는지 7시 10분쯤에 깼다. 수업에 가려는데 영어가 아직 익숙하지 않으니 일주일동안 Track 1을 경험해 보고 수업을 결정하기로 했다. 원래는 Track 2였다. 수업 내용이 Track 2보다는 쉬웠지만 아직 온지 일주일 정도 밖에 안돼서 영어가 미숙했다. Track 1 반은 말을 많이 할 수 있고 질문도 많이 할 수 있어서 좋았다. 그리고 숙제도 제대로 다했다. 그러다 보니까 숙제가 진짜 많다고 느꼈다. 생각보다 숙제가 엄청 많았다. 그래도 배운 내용은 쉬웠다. 학교가 끝나면 한국으로 치면 '방과 후 활동' 같은 것도 도서관에서 쌤이랑 친구들이랑 했다. 한국 친구와 Friday activities를 신청했다. 5시부터 10시까지 하는 것으로 안다. 학교 밖으로 나가는 활동이라 조금 신났다. 이 반에서 영어를 많이 배우고 빨리 늘고 싶다는 생각이 들었다. 어젯밤에는 할로윈 꾸미기를 도와줘서 많은 친구들과 친해져서 좋았고 꾸민 것을 보니까 뿌듯했다.

- ### 미국의 12번째 날 10월 26일

오늘은 금요일이다. 한국에서는 '불금'이라고 부른다. 오늘도 어제와 비슷한 하루이다. 조금 다른 점이 있다면 오늘은 Friday Activities가 있다는 점이다. 5시부터 10까지 학교 밖으로 체험 활동을 하러 나간다. 나는 그래서 조금 신이 난다. 그리고 오늘은 점심으로 아이스크림 같이 생긴 치즈 케이크가 나와서 좋았다. 간식으로 오븐에 구운 식빵에 누텔라를 함께 먹었는데 엄청 맛있었다.

- ### 미국의 13번째 날 10월 27일

오늘은 토요일이다. 오늘처럼 학교 안에서 보내는 주말은 처음이다. 오늘은 밖에 비도 오고 바람도 많이 불어서 그런지 조용하고 다들 늦게 일어나는 듯하다. 나도 어젯밤에

Friday activities를 갔다 와서 오늘 늦게 일어났다. 어제 Friday activities를 갔다가 한 8시에 와서 선생님들이 피자 2판을 시켜 주셨다. 함께 간 친구들이 총 8명쯤이었던 것 같다. 기숙사에 와서 피자를 기다리면서 우리는 다 같이 영화를 보려고 세팅을 시작했다. 소파도 세팅했다. 그리고 〈블랙팬서〉를 봤다. 엄청나게 재미있었다. 그런데 10시까지는 기숙사에 들어가야 했다. 그래서 10시쯤에 다 정리하고 들어갔다. 나는 잠이 와서 양치하고 거의 바로 잠들었다. 그리고 다음 날 11시인가 12시에 일어났다. 근데 엄청나게 조용했다. 나는 배고파서 친구랑 brunch를 먹으러 갔다. 많이 먹었다. 그리고 숙제도 하고 놀기도 하고 쉬기도 했다. 오늘은 수업이 없어서 엄청나게 좋았다.

- 미국의 14번째 날 10월 28일

오늘은 일요일이다. 그래서 교회에 갔다. 9시쯤에 일어나서 씻고, 10시 30분에 한국 선생님이랑 한국 오빠랑 갔다. 미국 예배를 드렸는데 솔직히 이해는 좀 많이 안 됐다. 그리고 나는 밥을 먹었다. 그런데 스파게티였다. 미국에서 파는 처음 먹어 보는 신기한 면으로 만들었는데 엄청나게 맛있었다. 그리고 샐러드 양배추랑 상추 같은 것도 옆에 나왔는데 함께 나온 소스가 엄청 맛있었다. 원래는 그 샐러드를 안 먹으려다가 엄청나게 맛있어서 다 먹어 버렸다. 진짜 맛있었다. 약간의 치즈도 있어서 그런지 엄청나게 맛있었다. 그리고 친구들과 로즈힐에 갔다 왔다. 쉬다가 밥 먹을 시간이 돼서 먹고 숙제를 했다. 밥을 먹고 나서 30분 정도 운동했다. 그랬더니 상쾌한 기분이 들었다. 내일은 월요일이다.

2. 미국 유학 적응하기_ 영어 일기들

• 미국의 15번째 날 10월 29일

Today is Monday. And Today was just normal day. By the way, Today is little special. Because I will write english diary from today. So I am very serious and a little worried. But I just will do. I woke up at eight. And I ate breakfast with my Korean friend. I ate various things. So I was strong. And I ate fruits at rest time of school. Fruits are apple and banana. This was very delicious. I finished my classes. I went music club after school. I played the drum within the band there. So I felt exciting and interesting. I have been music club every Monday, Tuesday and Thursday. I was the youngest among them. And People praised me. So Once again I felt proud.

- 미국의 16번째 날 10월 30일

Today is Tuesday. Today started classes at 8:30. So We have to wake up early. But I woke up at 7:30 and listened to alarm. So I can woke up at 7:30. I washed my face and brushed my teeth. And I go to the dining hall. Because I ate breakfast there. My first class is communication. It is not bad. Because I did more talk with various friends. And I went to the white hall with my friends after school. White hall is shopping mall. Very very big shopping mall. It is cold.

- 미국의 17번째 날 10월 31일

Today is Halloween day. So Our classmates watched movies about Halloween and ate various chocolate. And Some people weared costumes. So I think very interesting and exciting. I will join new club. Because I think fun about riding a horse. American Halloween is more different with Korean Halloween. So I ate many chocolates. By the way, I think many. Because There is horse club and serious talk club. But I think dangerous about horse club.

- 미국의 18번째 날 11월 1일

Today is Thursday. Yesterday was Halloween. So We did Halloween party last night. By the way, It is very interesting and exciting. I had many candy and chocolate. I slept little late. And I took pictures with my friends. I ate many food about lunch. So I was not hungry. I will join outdoor leadership club. But Yesterday I did not join horse club. Because There was not people. So I did my homework with my classmate in the library. I played the drum to rock band club. And I called my family. So I was happy and little sad. Because I missed my family.

- 미국의 19번째 날 11월 2일

Today is Friday. Wow, It is very good. I look forward to Sunday. Because I go to the church. And I eat delicious lunch in the church. I will watch the english movie everyday. English movie name is Rolex. But I will watch little everyday. And I will do to watch many again. My classmate told to go H mart together tomorrow. But I could not go there. Because I should wash my clothes. And I should do my many homework. So I was very busy. Also, homework was presentation. Today, I will do not alarm. So I am very exciting. Yeah, I can sleep many time. So I do not know I will wake up what time.

- 미국의 20번째 날 11월 3일

Today is weekend. So I slept at 10:30. I was very happy. I did laundry for the first time. By the way, It was easier than I thought. And My friend talked about how to laundry. Today, I ate many brunch. So I was very full. I looking forward to tomorrow. Because I will eat lunch in the church. By the way, Church lunch is very delicious. So I feel happy. I went to the gym and played running machine. It was little hard. But I felt fresh air. I though many things. It is good things. And I ate waffle here for the first time. It was not bad. But It used different oil. So it was little special. And I will do exercise in the gym everyday. But I don't know I can do it. So I was little worry. In fact, I didn't worry about exercise everyday. But, I though so out of courtesy.

Today is Sunday. So I felt happy. Because I ate lunch in the church. Church lunch is very delicious. Because it is Korean food. So I like it and looking forward it. Today menu was meat soup and kimchi. I had good lunch time. I looking forward to lunch in the church every Sunday. I did exercise during 1 hour in the gym. So I was little hard and proud me. I went rose hill. Rose hill is shopping center. So there was many things. I talked a lot with church older brother. So I felt interesting. I will do exercise every day. And My family talked me "Do exercise little time." So I resolved it.

Today is Monday. So I am little tired. Maybe, It is just think. I ate breakfast and various food. First time is math. By the way, It is very easy. But I'm not good at english. So I will study english. And I try to good at english. I already came almost 2 weeks. Then, I feel during old. So It is very friendly and interesting. Soon, I have winter vacation after 1 month. So I go to Korea after 1 month. I want to see my

family, my friends and church people fast. I want to tall.
So My family said "Eat many food and breakfast." So I have eaten breakfast here. But I sometimes eat little and sometimes eat many. So I don't know I grow my tall.

- 미국의 23번째 날 11월 6일

Today is Tuesday. Yesterday night, I played everything and did our homework with my classmates. So I felt very exciting and interesting. My classmate gave Chinese snack and chocolate. So I said "Thank you". I slept at 11 last night. By the way, I tried to wake up at 7:30. But I woke up at around 7:45. Then, I still tired. Because I don't know. Maybe, I originally slept a lot. Today I drank milk in the breakfast. Because My family said "Drink milk to be taller". So I trying to be taller. I will drink milk everyday. But It is not easy. I can just do it. Yeah :). I ate apple and banana during breakfast. Because maybe I will do hungry during classes. So I brought various fruits.

Today is Wednesday. I woke up at 7:40 A.M. And My classmate has given snacks. Nowadays, I have eaten many foods. So I think about it. Maybe I have gained weight. And I ate milk. Because I want to be tall. If I am tall, I will stop to drink milk. Definition, The reason why I drink milk is to grow taller. By the way, I felt to be taller little. Just, I felt. So I was little frown. I got praised to grammar teacher about grammar test. So I was so happy, funny and interesting. I did group game in reading class. By the way, My team was very exciting and active. But My team lost group game. I am thinking about Korea. So, Suddenly I want to eat tteokbokki. It is Korean food. Because My favorite food is tteokbokki. So If I go to Korea, I will eat tteokbokki everyday.

Today is Thursday. My Korea friend had birthday. So I went face book message. She said "I missed you". And another friends said " I missed you, too". So I was happy and sad.

Because I thought about Korea. But Korean studying is hell. So I like better USA than Korea now. But If think my family, my Korean friends and my church people, I will like better Korea than USA. And I will think my favorite foods. My favorite foods are tteokbokki, miso soup of my mother, fried egg of my father and snacks of my younger brother. Fact, My mother foods are very delicious. Because My grandmother cooks very well. So I want to be very good at cooking like my grandmother and my mother.

- 미국의 26번째 날 11월 9일

Today is Friday. Yeah I will do laundry tomorrow. Bec- ause Laundry is very easy. First time, I though difficult about laundry before do it. But I did laundry. So It is easy now. And I will practice drums in the music room tomorrow. Because I like drums. So I will do it at 11~12. So I will wake up very early. But I am very expected. Because I practiced drums long time no see. But I have played drums nowadays. I have show about rock band November 14. So I will practice hard drums. I want to do not mistake. And nowadays, maybe I do to drink milk little adaptation. Wow, So I am happy. But I don't know exactly. And I will do exercise in the gym tomorrow. Because for my health. I like exercise.

• 미국의 27번째 날 11월 10일

Today is Saturday. Nice I will practice drums. So I will wake up early than usually. If I usually wake up at almost 11 in Saturday, I must wake up at 10:30. But I woke up at 9:30. I don't know reason. Maybe, It is just good habit. And I will do exercise during many times. Because for my health. If I have many times today, I will do laundry. But I already did laundry last weekend. So I don't must do it. I will go to church tomorrow. So I am expecting church lunch. And I will go to H mart with my friends tomorrow. H mart sell Korea food and various things. I will buy Korea food. Nowadays, I like songs of Billie Eilish. Billie Eilish is singer. Soon, I go to Korea :) So maybe Every students expected. It is me, too. Luckily, I am adjusting about drink milk. So I am very happy. suddenly, I think about "If you don't avoid, Enjoying it". I Just do it. "my dictionary don't have impossible". It is miracle. I want to be respectable daughter of my parents.

- ## 미국의 29번째 날 11월 12일

Today is Monday. I ate breakfast with my friend. I called with my family yesterday. So I felt happy, smile and little sad. But Soon, I was fine. I go to Korea. I did exercise. But It is very difficult. So I felt expected and hard. And I like tteokbokki. So If I go to Korea, I will eat tteokbokki everyday. I have to go to my club. My club is rock band club. I play the drums in the club. I listened to the music. Music name is 18'F/W of NO:EL. I don't know mean. But I just listen this music. Because It is very good. I like his songs. And If I have time, I will do exercise. Exercise is running machine. Oh, Today, I had math test in the class. I sometimes think about my family, my Korea friends and my church people. Because I missed them. But If I am busy, I don't have any thinks. It is very interesting. I enjoy listening to music.

- 미국의 30번째 날 11월 13일

Today is Tuesday. So It is better than Monday. Because It is just feel about date. And I did heat pack last night. So I don't sick my legs. Because Suddenly, I did hard exercise. So Maybe, My legs are surprised. Today, I ate oreo snacks. Because I want to eat sweet things. I had to practice drums this weekend. It is Saturday and at 1PM~5PM. And I must do exercise this weekend. Because, I usually don't do exercise well. So I will do exercise for my health every weekend. I am thinking about Saturday trip. And I will do laundry this weekend. I will collect clothes.

- 미국의 31번째 날 11월 14일 수요일

Today is Wednesday. Nowadays, I do to wake up is difficult. Because Maybe I am adapted. So I usually have much sleep. I learned a ratio when I was young. So It is very easy. I want to good at English. So I want to grow more this class. Various classes are easy, difficult and middle. I think "When can I good at English?". But it isn't well look like heart. And I am little busy. If I think deep about anything,

I don't have any problem. But If I think soft, I have little problem. So people have to think deep. It is interesting and exciting. Yesterday, I ate beef Udong and soda in asian wave with my Korea friends. It is very delicious. I will always think deep about anything. And I will go to bed ealry or usually and wake up early or usually. Because It is right habit. I am doing Geography. Geography is not easy of my all classes. I want to read english book. But It is difficult.

- 미국의 32번째 날 11월 15일

Today is Thursday. I got up usually. And We go each country after 1 month. It's very fantastic. And We are expected. I like Korea and USA (here). This is I like everything. And Yesterday, I did to play drums in the teather in front of many people. I was walking in my campus. My Japanese friend talked me "Very good. You're very good drummer." And my Saudi friends talked same. And my Korea friends talked same. And Another friends talked same. So I felt very impressed. And I was proud of me. Today, I will join Dj club. I almost like little Dj. So I will go to the Dj club after school. Then Maybe, I can do it. Right now, I feel little hungry. So I want to eat lunch. I think peaceful here better than Korea. Because Korea have to study very hard. In tomorrow Korea, There is very important test. It is most important in Korea.

- ## 미국의 33번째 날 11월 16일

Today is Friday. Yesterday, It was snowing all day. So School started at 10:10 today. Yeah, But Breakfast time is usually same. It didn't change. Yesterday, I did snow game with my classmate and another class friends. So It was very exciting, interesting and cold. I found good songs. It is Korean songs. So I think "My country's songs are good. also, I am Korean." So It is very amazing. It is total 4 songs. And I slept at 9. So I was happy. After a long time, I heard Korean songs. So I think "Also, Hometown is as usual". But I found another good songs. It is English songs. Do you know Charlie Puth? Maybe, Many people will know him. Because He is very famous singer. So I like his songs. I knew new 3 songs of Charlie Puth.

Today is Saturday. Today, I woke up early. I don't know reason. But Maybe, I think I did exercise hard yesterday. So I sicked my legs at night. And I practiced drums almost all day. Practicing is at 1~5. So I was little hard. But I was proud of me. And I had many think about my future. Maybe, I thought I grow better than before. So I was impressed. I did exercise little than yesterday. It was just walk. So I was okay more than yesterday. I like church lunch. So I am expecting tomorrow. I did mobile game. It is Battle ground. And It is very popular game. Originally, It was computer game. But Many people liked this game. So It create new mobile game. Oh, I found new good songs. It is Ariana grande songs. She is very famous singer. I like her songs.

Today is Sunday. So I went to the church. I ate lunch in church. By the way, Today is Thanksgiving day. So Chicken comes out from lunch. It was delicious. And I slept after go to the church. Because I sicked legs at next last night. So

I tired little. Why do you have a pain in your legs? Then, I answer "I did exercise hardly next yesterday. So I had a pain in my legs". And I played anything and ate dinner with my Korean friend. It was fun. And I had study period. So I did my homework during the study period. I am doing my homework. Because It is study period now. Soon, I go to Korea. But I want to good at english. So I want to inform to my friends, my family and my church people. And Thanksgiving is just around the corner.

- 미국의 36번째 날 11월 19일

Today is Monday. So I was little tired. I woke up at 7:30 in the morning. Then I must come to go school time. Today, First class is communication in the C day. Second class is math (Algebra) in the C day. C day start at 8:30 from school time. And I have to go to the rock band club every Monday, Tuesday and Thursday. I like playing the drums. But I can not play the drums all the time. So I always understand it. I learned a ratio in the math (Algebra). I have short vacation. Because Thanksgiving day come soon. So I come Black

Friday, too. I want to buy sale thing. But I don't know what buy thing. And Church brother said "Do you go to Udobury shopping mall?" So, I said "Yeah, I went to the shopping mall with my family". It was very funny. And I like the sopping mall.

- ## 미국의 37번째 날 11월 20일

Today is Tuesday. I went to Rosehill with my Korean friend. Rosehill is shopping mall. Because I finished to do toothpaste. And I bought snack. I was happy. Because I brushed my teeth from new toothpaste. So I felt clean at night. Today is D day. So School started at 9:05. I like school start time at 9:05. But I should get up early to shower. I had Geography class. I will have short vacation from Thanksgiving. It start tomorrow. First, I will sleep more more more. Then I have heaven. I think Many people will get up late tomorrow. So I will get up late, too. I will play everything and eat many foods with my friends tomorrow.

- 미국의 38번째 날 11월 21일

Today is Wednesday. We don't go school. Because We have Thanksgiving day during three days. So I can sleep much time. But Maybe I have good habit. So I got up at 9:40 and brushed my teeth. Then, The time is very fast. And I will go to cafeteria. Because I want to eat brunch. I am little hungry. But I already ate an apple. I played motion game with my Korean friends last night. It is very fun, interesting and exciting. We want to play again. And Last night, We had to sleep time. So We had to finish this games. I did this games before long time. Then, After long time, This game was very good good good. And I go to shopping mall with my friends by the school bus Friday. Because That is Black Friday. So That do many sale. So I will see many things. And I will get it (I like things).

- 미국의 39번째 날 11월 22일

Today is Thursday. I go to shopping mall tomorrow. Because I signed up Black Friday trip with my friends. So I am expected. And I went to Japanese restaurant with my friends. I ate Shoyu Ramen with fork topping yesterday. We think It is very delicious. And We went to super market in front of Japanese restaurant. I bought Haribo jelly. And My friend gave little Haribo sour jelly. So I thank to my friend. Yesterday, It is snowing moment in USA. Today is short vacation. So We can get up late. But I had good habit. So I got up almost at 9:40, too. Roundly, I wanted to wake up late. But I just get up moderately. So I thought "Wow". Soon, We go to each country. Then I go to Korea. I will go cafeteria. Because I will eat brunch. Now, I want to eat tteokbokki little than before. Tteokbokkit is one of my favorite food. So I sometimes think about tteokbokki.

- 미국의 41번째 날 11월 24일

Today is Saturday. Yesterday was Black Friday. Next ye-sterday was Thanksgiving day. And Today finish every vacation. So I have to go to school from Monday. I think "I can get up well? If I don't wake up early, I will do school late". But I will sleep early tomorrow (Sunday). Then I can wake up early. Soon, I will go to cafeteria. Because I will eat brunch.

Yesterday, Many people bought things. Because Yesterday is big sale day. And I bought things, too. It is Adidas jacket. I like it. And It is very special. I ate Gung pu, pasta and coke with my friends. Gung pu is bubble tea. I like it very much. Here bubble tea have many jelly. So It is delicious more than Korea bubble tea. But Every bubble tea is true. Oh, I ate oreo slush bubble tea. Because I liked choco bubble tea in Korea. But Choco bubble tea wasn't here. So I ate choco smiler oreo. I ate oreo bubble first time. By the way, It was good. And My Adidas jacket was good, too.

- 미국의 42번째 날 11월 25일

Today is Sunday. I went to church with my friend. I expected church lunch, too. But Today lunch is spicy. So I ate little than other day. And I slept in my room after go to church. Because I did hard exercise yesterday. By the way, I was pain in my legs in night during sleep time. So I didn't sleep well and I was tired all day today. But it was okay. Because I did morning sleep. It is after go to church. Soon, We go to Korea each country. Oh, I will wear my new jacket. It is

Adidas jacket in Black Friday. But I worried it is dirty. So I am thinking now about my new jacket. And I have new shoes from Vans. It bought with my family and very special. And I still didn't wear this shoes. Because I like very it. Maybe, This shoes will wear in Korea. I missed my family. But I sometimes think my family. Because If I always think about my family, I will missed my family much.

- 미국의 43번째 날 11월 26일

Today is Monday. I wore other jacket today. Because I heard rainy at 10. But It is not true. So I will wear new jacket tomorrow. I think it right now. So I was very happy. I signed up Manhatton of Saturday activity with my friends. It is New York City or Timecapsul. I am expecting now. I learned math in its class. It is triangle, circle, square etc. So I think it is very easy. But I don't know this english name. And I didn't know crescent. But I learned new today with my classmates. It was exciting and fun. And I must go to rock band club after school. Because Today is Monday. Maybe, I have to study this english name in math class. I think it will be math test. So My classmates will study hard it.

• 미국의 44번째 날 11월 27일

Today is Tuesday. Today last class is math. So I learned dimensions. I don't know it. And I don't have much homework. But I have reading test tomorrow. So I have to study. But Reading teacher said ours "Don't study about test". I was surprised. And We have final test before go to each country. It is after almost 2 weeks. So We have to study about many subject. I have to study 7 subjects. It is more than my think. I wore new jacket today. I was very happy and exciting. So I wish today weather is not rainy and snowing. I did it. Today didn't come rainy and snowing. Yeah. Yesterday I called my family. So I was very fun and missed my family. And I will go rock band club or learning center or prep talk club.

• 미국의 45번째 날 11월 28일

Today is Wednesday and G day. So I have maps class and start at 8:30. I ate hotcake, melon, cresent bread and banana from breakfast. It was very fast now. And G day have math class first time. So I learned dimensions spelling. Oh, Suddenly I think about learning center in the library yesterday. Because I read an english book while other people do homework or play computer. My writing teacher recommend horror book about halloween and Grimm. Maybe, I think that Yesterday read english book first time. So, I felt Yeah. My classmate asked me "How do you study?". So I was little surprised. I just do homework hard, read bible, pray little and read Korean book (My father recommend book). I have to go to music room after school. Because I signed up at music sheet.

- 미국의 46번째 날 11월 29일

Today is Thursday. But Today is A day. So I have to go to school at 8:30. Suddenly I think that I did alarm at 7:50 and 7:55. But I didn't wake up at 7:50. So My Korean roommate woke up me today at 7:53. So I said "Thank you". I learned number in math class. For explain, thousand, hundred, millions and billions. Ah, Now I studied math for final big test. It is before go to each country. Someone asked me "How are you doing?" during write daily or study for test. It looked like "How are you?". I usually do joke with my China friend. She lives in front of my room. Tomorrow is Friday. Always, It calls Fire Friday in Korea. Soon, We have vacation, So I go to Korea and leave here during vacation. So We are feeling happy. But We have final big test before go to each nation. So Everyone are confused. I ate Hush chocolate in second floor machine. Tomorrow school start at 9:05.

- 미국의 47번째 날 11월 30일

Today is Friday. In Korea, It call Fire Friday. I don't know correctly reason. But I think that It is very happy. Today is B day. So I started at 9:05. I have Geography in B day. I am learning compass and world. Soon, I think We will learn Where is this country. I like Potato chips from school cafeteria. It is one of my favorite dessert. Original, Many people brought Potato chips in the paper cup. But food teacher said everyone "Don't use paper cup. Because it waste paper cup". And We don't use paper cup anymore. But We thought that It bring it in the tissue. I think This idea is very good. So Suddenly We want eating. Then We did it. I go to Manhattan with my Korean friends tomorrow. It is Saturday activity or trip. Because We signed up it. So I expected about this activity or trip. I finished reading a book of recommend father. I did it. So I was happy and exciting. And I will remember this book.

- 미국의 48번째 날 12월 1일

Today is Saturday and September first day. I did exercise during 1 hour. I woke up early. So I called with my family and slept again. Why did I get up early? Then, I will say so "I did exercise last night". I watched movie tonight with my friends. This movie name is Coco. I ate Hush chocolate today. And I listened the Redvelvet's new song. Suddenly, I though. And I called video call with my family. Oh, We go to each country soon after 2 weeks. Everyone want to go each country. Today didn't have special thing. Nothing. It is that usually. I went to Dj club last Thursday. It was not bad, fun and interesting. I can do little it. I wore Newbalance padding first time today. It was very warm.

Today is Sunday. So I went to the church with my Korean teacher. And I ate church lunch with oranges. Church lunch is almost always delicious. I did table tennis with my church people. And Church people said me "What will you do at Christmas?". So I said "I go to Korea". Then, They said me "Oh, really? It is very good". Wow, We go to each country soon. So I am feeling happy now. But We have final test before vacation. And In Korea, They have exam now. How do I know? Then, I will say so "My Korean friends talked to me". That start this week Wednesday in Korea. But I start next week in USA. I ate sour cream and onion of Pringles. Zepeto is very popular app and best app in chart now. So I did download that and played with my friends.

Today is Monday and C day. So School started at 8:30. I tired in the this morning. But I have to go to school. So I got up hard early. Next week is final test everyone before go to each country. Soon I go to Korea. I said to my classmate

"How are you?". Then, My classmate said "Very good". She learned Korean to me today. And I learned Chinese to her before. We go to each country after 12 days. So Everyone and I are happy. And We have to clean our room and shelf. Oh, We have to take our things and pack our clothes. I ate various fruits in the maps class. It is banana and special apple. Because Apple is different with Korean apple. But Korean apple is delicious more than this apple. So I will eat many apple in Korea. Double last day, I did exercise with my friend. And I watched my family video in my phone album. Then, I missed my family, my Korean friends and my church people. My Korean friends always said to me "I missed you" and "When do you come in Korea?" So I feel happy and I missed them, too. I will eat Tteokbokki everyday in Korea.

- 미국의 51번째 날 12월 4일

Today is Tuesday and D day. So School started at 9:05. I wanted to shower today morning. But I didn't get up at 7:40. I got up at 8:00. Soon, We go to each country. Maybe, We leave here after 11 days. I think Winter vacation is very short. Because It is just 3 weeks. I belong to Rock band club. So I went to Rock band club yesterday. Maybe, I have to go to Rock band club today, too. I called my Korean friends today. My Korean friends said "I miss you. Come fast in Korea, I want buying Korean food for you". So I said "Thank you very much. I miss you, too". I will eat Tteokbokki everyday. Then, My Korean friend said yesterday "If you eat Tteokbokki everyday, You will not like Teokbokki." So I said to her "It is okay, very good". So we laughed.

- ## 미국의 52번째 날 12월 5일

Today is Wednesday and E day. I have final exam before go to Korea. So I studied ELAC yesterday. But I didn't finish all it. Because I didn't have enough time last night. So I just did clean that. Oh, I was taking I-20 in study hall time. And I have to go music room at 9:00. Because I signed up to practice drums at music room sheet. Maybe, I think that I must sleep little late. Because If I sleep early everyday, I will not have enough studying time. Now, Final exam is very near. It is after 4, 5 days and starting at Monday of next week. But I am having 7 subjects. Today I wore stripe T-shirt, Adidas pants and Adidas shoes. I like today look about fashion. I don't wear brown hat today. I ate Pizzas and Korean snacks from Korean teacher after long time. Their names are Soft Cow, chocolate snacks and soft or sour snacks. It was so delicious.

- 미국의 53번째 날 12월 6일

Today is Thursday and F day. So School started at 9:05. I ate grapes, melons and potatoes. It was so delicious. And I wore new hoodie and black pants. I wore necklace, too. But I didn't wear brown hat. I dreamt interesting form Korea last night. It is that There is in the Korea market. And I went to ramen corner and It was so happy maybe in my dream. Suddenly I thought, I studied Geography last night. But I have to study more than it. Because I left little time maybe 3, 4 days. But I left little many subjects. So I must do very hard and make exam plan. It will be not bad or difficult. We can go to each country soon. It is after 9 days. Because We have winter break (vacation). I did practicing drums in the music room yesterday. It was so exciting and fun. Probably, I did it during 1 hour.

- 미국의 54번째 날 12월 7일

Today is Friday and G day. And Today is last class of 2018. Because Next week is final exam and We go to each country. Then, I come back here at January 7. So It is 2019. Wow, It is very fantastic, exciting and interesting. But After that, Other people don't see their family during 6 months. It will be very sad and miss them. My first class is math. Now We have free time. Soon, I go to Korea after 8 days. I studied communications yesterday. But I am left 2 subjects yet. And also I am left 2, 3 days from final test, too. But I have to organize study paper before final exam. So I can finish studying. Today I wore Champion T-shirt and Adidas pants. It is not bad over fit. And I like this logo of arms. Oh, I have to study tonight and everyday before final exam.

Today is Saturday, final exam before 2 days and go to Korea before 6, 7 days. I called my Korean friends little long time today. Almost all my Korea friends knew it. It is that I go to Korea soon. They said to me "Come early, I miss you". So I said them "Me, too". And I miss my family, my Korean friends and my church people. What time did you get up? I was getting up at 9:47. I have to study hard for final exam. OMG, Really I am left little days here. Suddenly I can't believe little. It looks like dream. My Korean house is very good. So I want to go fast. I like Saturday morning. Because I can see beautiful view and listen to the music. Nowadays, I want buying Air Pods. So I am thinking That. Because My classmate lent me a little in class. It is so good. I ate watermelon yesterday. How? My China friends gave me it. It was honey taste.

Today is Sunday. Maybe Soon I will going to the church. I am expecting church lunch today. Oh, I am left 1 day from final exam. So I have to study hard writing and reading. Because This subjects are tomorrow test. I think that Writing is not bad. But Reading has many things and little confused. Now, I am left 6 days, This talk is less than 1 week (7 days). Suddenly last night think, I studied irregular verbs almost at 11 with my friends. So I got up at 9 helpful alarm. Soon I should pack my clothes and things. I called for a short time with my Korean friends last night. Maybe Wednesday I will go to my old middle school in Korea to see my Korean friends. Because at that time, We have time. I think I am tall little. Because Here food ate many. I don't know reason. But I felt hungry before.

- 미국의 57번째 날 12월 10일

Today is Monday and final exam. I finished 2 subjects today. But I am left 5 subjects yet. So I have to study hard tonight. I don't know how come test. But It was not bad. Oh, I go to Korea after 5 days soon. I called my Korean friend before exam. Then, It is exciting and friendly. My Korean friend said "Good luck". So I said "Thank you". And I listened about teachers of my old school. It is fun and interesting. Now, Outside view is so good. Because Sun is raising. Maybe, I think that Today don't have clubs. I ate chocolates with my China friends. And I ate ice cream with my Korea friends last night. It was so delicious. If I see my family, I will little sad and more happy. I will put my clothes soon. I will watch Korea programs in Korea. Because Here don't have TV. Tomorrow, Test start at 8:30 to 10:30.

- 미국의 58번째 날 12월 11일

Today is Tuesday and second final exam. Tomorrow is Algebra. Just one. So I can get up late. But I remember it "Don't forget calculator". Nowadays, I listen song of Ovan. He is maybe famous Korean rapper. I put my clothes little today. I almost done it. I think, I just bring one middle bag at my hand. Because I don't have many things. I am thinking now. Because My favorite shoes take? or put here? Today test was communications and geography. It was not bad. And I am left 3 subjects. Because I already did 4 subjects. I like my final exam schedule. Very important fact is that I don't have test Friday. So I can ready packages hard. Really soon, I go to Korea after 3, 4 days. I saw Youtube about Ariana grande today. Because Her song is chart first. This song name is Thank u, Next and maybe about Christmas. I think so it is very good song.

- 미국의 59번째 날 12월 12일

Today is Wednesday and just one subject test. So I was comfortable today. Because I can get up late and I can study just one subject. One subject was math. If I am in Korea, It will be little difficult. But I am in here. So It was not bad or easy. Nowadays, Foods in cafeteria are little. So I ate making tuna rice with my Korea friend. It is just soy source, tuna, mayonnaise and rice. Then, Making finish it. It looks like really in Korea. So It eat many here Korea students. Now, I am left 2 subjects tomorrow and 3 days. They are grammar and ELAC. I actually rode a bike in Korea. Maybe, It is one of my hobbies. But I can not here. Because Here don't have a bike and outside is extremely dangerous. So I want riding a bike and taking a walk with my family in

Korea. And I want eating various foods with my family.

- <u>미국의 60번째 날</u> 12월 13일

Today is Thursday and finish final test. All test was not bad. And Tomorrow is last day of here. I can sleep free all day tomorrow. But I have to put my clothes in the bag. I must clean in the room. I want to be good at reading and writing. Because Then I can go to 9 grade fast. But I came before 60 days yet. I think so. Writing is not bad from it. But I am not good at listening. Inside said "How can I be good at listening?" Maybe Tomorrow diary is last of this year. I almost forget it. It is snowing here now. I want coming much snowing. But I think now It is impossible. I wore new Vans shoes. Then, I hurt back of foot little. So I bleed little some before. And I changed in slippers. I will write long today about anything. I am proud of by myself. Because Now I can write English diary. First time, I can not write it. So I wrote Korean diary before long time. Last night, I greeted with friend look like Ariana grande. Ariana Grande is famous singer in America. Her songs are so good and interesting.

I want to go the mountain with my family. Because At that time, I was nice and happy. First time, It was just not bad. But Second time, It was so exciting and had fresh air. One of many good things can spend much time with my family. And I want to eat delicious foods or meats in the meat house. To most desired thing to do is eating Tteokbokki and the foods my mother made. In the old days, I just did things. Now I think then everything is memories, Every little thing comes together. Wow, Soon It finish, So I wrote very very very long. Now, It is snowing more than before. I want showing it to my family. Then, My family will be surprised and will praise to me.

- 미국의 61번째 날 12월 14일

Today is Friday and really really really last day. OMG, I don't believe yet. Some people have test today. So They were confused today. But I didn't have test today. So I got up at 9:30. Maybe My Japan roommate didn't have test. So She got up similar time to me. Perhaps, She sleep more than me. I took a shower. It was so fresh. I was eating at 10:45. I have to do laundry after little time. Oh, I took a pictures with much people last night. I was happy. And There were my 2 classmates. I want planing in Korea. I will eat many Korea foods. I am thinking. Um, Because I wear gloves or I don't wear it. Soon, I must go to main building. Because I have to do laundry to charge money in the laundry card. I will wear long padding when go to outside. Because It is always so warm. Yesterday, I wrote diary very long. But I can not write more than yesterday. But I will write long more than usually. I already write more than normally. Now, I am in front of Christmas tree. Then I am writing it, watching outside view and listening to music. Nowadays I listen to English songs from Justin Bieber, Troye Sivan and Rappers. But I think I will listen to Korea songs in the airplane. Time is so fast and correctly. Because I felt yesterday when I came here first time. Then, I already come here for 61 days. Wow It is extremely fantastic. I should put my clothes or packs and clean my room with my roommates soon. It is little similar with yesterday diary. What happened? I just wrote it. Then so long. Hhh I want writing long in one sentence. But I should practice it during free time. I learn short English to Korea friend or here friend before. How R U and THx. It is wonderful when use it. How cool! I wrote it more than tomorrow. Yesterday lunch was pretty delicious. Then, See you next year :)

• 미국의 2019년 1번째 날 1월 8일

Writing it is LTNS. LTNS is Long Time No See. It is short words. I slept yesterday almost over 12 hours. So I could not eat dinner last night and felt so hungry in the morning. I almost die from hungry at that time. This is joke half and true half. But I had Korea snacks. Today, I woke up early, took a shower and dried my hair. Then, I left many times to eat breakfast. Today We changed level or class in my school. Then, I upgraded my level or class. So I am not in last class. I and my classmate asked to teacher about it. Then, Teacher say "It is middle level!" And New students came at our school. We thought about our school foods "Today our school foods were bad. Then I thought so, too." I don't know reason. I think I am indigestion now. So My condition is not bad or just so-so. But I want to get well fast. Because It is not comfortable and not good. Today Everyone look like tired and me, too. Because today is first day of new term. So We go to bed early and awake early. We need to be jet lagged. I will go to rock band club next tomorrow. I almost forget it. I bought Airpods in Korea. So I am very comfortable and good. And I will try praying consecutive. Then, I can do it sometime. I believe it.

- 미국의 2번째 날 1월 9일

Today is B day. So School started at 9:05. Nowadays, I got up early and myself in the morning. I watched Youtube about English by chance last night. By the way, I know interesting way about that. Yesterday was tired everyone. I agree it, too. I am better now. So I am nice and cool. Oh yap I like today fashion in here. It is hoodie, black pants, fleece vest and cap. I am in Geography class now. Today, Geography class is double time. So We are having much time in this class. I still try to pray everyday. Today school lunch is similar to yesterday. I signed up in music room with my friend. I did that there is drums. Probably, I can play drums during 30 minutes. So I will practice about rock band club song. That is difficult and unique song. Because There are many things in that. I go to after school activity tomorrow. This is rock band club. I practiced drums in our music room.

- ## 미국의 3번째 날 1월 10일

Today is C day. And I went to rock band club after school today. Long Time No See. So I was funny and interesting. Oh, I have a good news about rock band club. It is that I will go to rock band trip at January 19th. It will show to people in the hospital. Probably It is my first concert in America. So I expected it and think to practice hard. Aha, I went to nurse's office before club. So I take a bandage. This bandage is pretty unique and safe. Now, I finished homework in study hall. So I am writing it and listening music by Airpods. Airpod is so nice and amazing. I signed up at Friday activity with my friends. It is bowling activity and $19. In Saturday, We signed up at music room during 2 hours. I still have Korea foods yet. Sunday go to church soon and eat lunch. Then, I expected that again.

- 미국의 4번째 날 1월 11일

Today is D day. So School started at 9:05 some times ago. I learned Water Scarcity about China in Geography. Today breakfast is not bad. I go to Friday activity after school today. It is bowling from 6 pm to 10 pm. I ate one potato and I prayed. It is nice more than before. But I will try always about praying before eat breakfast, lunch and dinner. I think I am good at bowling. Because I sometimes did bowling with my friends in Korea. By the way, I don't know well bowling shop of America. I want to do over 100 score in bowling. This is difficult more than think. I went to Friday activity near school with my friends. It was exciting. There are many games and many foods. So We ate pizza and juice or soda. I saw star in the sky with my friends when come here. By the way, That was so fantastic and amazing. I couldn't describe that. I played almost 100 scores at that time. And I am going to practice drums at music room tomorrow.

- 미국의 5일째 날 1월 12일

Today is Saturday. My Japan roommate will move main building. Because Originally, 11 and 12 grades live in main building. She is 11 grades. I heard to her "Tomorrow I move to main building." And we greeted. I want to watch Skycastle 15th. But Here don't have TV. "Then How can I do?" I thought. So I saw that by phone before go to Friday activity that bowling. I am going to go to music room to practice drums during 2 hours soon. Today weather is not window and no rainy. I will wear very comfortable today. Because Today is Saturday! I can sleep many times and free. I am going to do homework tomorrow. 'If you are difficult now, Then you have to change yourself first.' I watched this in SNS by accident. By the way, it was interesting.

- 미국의 6일째 날 1월 13일

Today is Sunday. So I went to the church and Rose Hill with my friend. Why did we go to Rose Hill? Then, We have to do exercise and to go that big market. We ate bubble tea in asian wave. It is so long time no see. My mom will do operation today in Korea. That is during 4 or 5 hours. Honestly, I am worried about that and almost cry at the big market. I hope to finish safe and well. I want to say "I love u" to my family more than before. Today church lunch was delicious, also. This menu was spaghetti and vegetable. I wore suit pants today to go to church. In church, They already had similar with drummer during I went to Korea. Tomorrow I am going to go to rock band club after school. I think my mom's operation will finish during I sleep. Nowadays, I prayed and read bible while before. Then, I don't know that I can read whole bible during this year. If I can not do that, I will continue trying that. This weekend had a little homework. Because It is first weekend.

- 미국의 7일째 날 1월 14일

   I don't know what day today. But I can know today schedule. I went to rock band club after school. I played song of HYUKOH, That's name is Comes And Goes. And I am going to go to there tomorrow. I knew new online shopping mall. That's name is Amazon. I hope to heal my mom fast, please. And I hope to that my younger brother feel happy in Jeju-Island because he went to camp for a while. One of many New Year's wants is that I hope to be healthy my around people, especially my family. Today I did group homework with my classmates on study hall time. It was good and finished fast. I practiced piano Skycastle ost in our music room. That's name is 'We all lie'. Tomorrow I have math quiz, same word is test in Korea. So I have to study about math now. Nowadays, school food usually is not good. I am thinking about soccer. Because I saw poster about soccer at Wednesday night.

- 미국의 8일째 날 1월 15일

I don't know what day today. But It is okay. Because I am having Power School in my cell phone. I learned about reading and writing in reading class. Today I went to rock band club. So I practiced song about Saturday concert. Today I wore Nike T-shirt and Descente training pants. Tomorrow I am going to do exercise after school, Probably. I have two homework today. It will take little long time. Today

School lunch was just not bad more than before. We had floor meeting at 7 p.m. I took new song in rock band club. That song is so unique, special and interesting. That's name is "Play God". And My originally song name is maybe "Stay". I heard about Flu in floor meeting. Here is 5 flu person now. So I was so dangerous and worried. Long time no see I drank milk in cafeteria. I had math quiz in last class. That was perfect score. So I was happy.

- ### 미국의 9번째 날 1월 16일

Today is Wednesday. Math is first class. I went to Talent in music room Tuesday last night. So I just watched and played drums with piano. Song name was "Rolling in the deep". Many people talked me "Amazing, We need you and Very good". So I was very happy and nice. I wore Outdoor half hoodie, Adidas unique pants and yellow cap. It is warm and comfortable. I ate meat snacks from to bring in Korea. I am going to go to H-mart with my friends Friday. It is similar to Korean mart. I will buy some Korean foods. Today I practiced song "We all lie" after school. It is Skycastle ost.

I can play that better than yesterday. I learned this word "Ensconce and Abashed". This word definition is to settle safe or comfortable. I know Korean mean this word. But I can not introduce well about definition. I will practice hard song of rock band club. Nowadays, I am drinking milk to start 1 and 2 days ago.

- 미국의 10번째 날 1월 17일

Today is Thursday and learning about grammar. Today school lunch was very good and nice. Because Lunch menu was pizza, small sandwiches and chocolate cake. So I like today school lunch. Today Math was double time. By the way It was interesting and fun. Today fashion is not good Because I wore just anything. I will wear coat tomorrow. Cause is that nowadays I like coat. Now I have free time with some my classmates in grammar class. Because We did our homework last night. But other my classmate are doing their homework now. We don't have school on next Monday. Because next Monday celebrate Martin Luther King. I found good english songs today in school. Yesterday

I had little much homework. But Today is not bad about homework amount. Nowadays, I am praying early before breakfast, lunch and dinner. Because If I eat one things, I can remember about pray.

- 미국의 11번째 날 1월 18일

Today is Friday and my Korean friend's Birthday. So I sent celebration birthday in Facebook. My Korean friend said to me "Come to Korea, I will buy chicken for you." And I called with my another Korean friend in rest time. In breakfast time, I prayed well before eat foods. But I forgot moment in lunch time. Today school lunch was pretty not bad. Because there was popcorn and potato fries. I woke up at almost 6 in the morning. Because my Korean roommate woke up that time. So I thought "already time to go to school." But my roommate wake up to do exercise. So I slept again maybe at 6:10. Really getting up time was almost at 7:53. So I was tired better than another days. But I am okay now after lunch time. Probably today came snowing here during to sleep at night. By the way, I heard to my Korean friends.

They said that now came snowing in Korea.

• 미국의 12번째 날 1월 19일

Today is Saturday. And I was getting up at 9. I went to H-market with my friends yesterday. Probably, we started from school to H-market at almost 5. There is Jajang Noodles, Bubble tea and many Korean snacks. It was so happy and fun. It was my first time to go to H-market. So my friends inform many things to me. We went to big shop next to H-market. I saw dog picture that Korean older sister drew on 2 floor last night. By the way, I though it looks like real dog and very cute. And another Korean older sister fell asleep on sofa at that time. Yesterday words was 'Emphatically and Perspicacious'. Today was little cold during sleeping. Maybe I think yesterday came snowing. So cold air was last night. Oh I prayed before eat Jajang Noodles in H-market yesterday. Today I have first concert on hospital in America. I felt good. I am using always well Airpods.

Today is Sunday and snowing. I went to church at 10:30. And I ate little spicy soup in church lunch. I bought popcorn and oreo mint similar chocolate in ACME after go to church. Tomorrow I don't go school on Monday. Because tomorrow is Martin Luther King Jr. day. This day is celebration about Martin Luther King. Nowadays, I watch SKY castle. Because my Korean friend in Canada inform that. I was watching that last night. By the way, 3 Vietnamese friends watched that in 1 floor lounge. It was interesting So I asked them "Do you like this one?" they said to me "Yes, Do you watch? What episode?" So I said "17 episode" and they said "Wow". It was pretty funny. SKY castle's ratings were over 20%. I want to watch fast next episode. Then, I have to wait 4~5 days still on Friday. In SKY castle chat, I saw that everyone want to watch next episode. I played drums with my rock band club members in hospital. It was wonder nice and amazing. Many hospital people cheered our concert yesterday. It was kind of talent donation. So I was very happy to help people.

Today is Monday and very cold. We don't go to school today. Because today is Martin Luther King celebration day. I ate caramel popcorn in 1 floor lounge. And Vietnamese friends helped making. Yesterday ground was icy road. I was walking with my friends after eat dinner. By the way, my friend fell on the icy road. So we laughed together at that time. Today I was getting up at almost 9:15. I washed my face and brushed my teeth. I am writing my dairy in USA now. Everyone hope to don't go school tomorrow. Because if snowing come many, we don't go to school tomorrow. But this chance is so low. Nowadays I have a dream when I am sleeping. But I can't remember about my dream story. Originally south hall building was not cold. But today outside is very cold. So in south hall building I feel little pretty cold. I am going to eat oreo mint similar chocolate and brunch soon. Tomorrow is pajama day in school. So we can wear pajama in school during only one day tomorrow. I think it will be comfortable.

Today is Tuesday and still cold. Today school was starting at 8:30. First class is communications. Nowadays, we are learning about good/bad manners and new vocabulary in communications class. Today mood is that everyone was tired all day. I agree about above talk. Because we had holiday during 3 days. I heard to my Korean friend "Korean won about soccer." So I was exciting and nice after to hear that. Tomorrow I have to go rock band club. Teacher said to us "We have to practice rock band club. Come after school tomorrow." Today lunch was so nice about similar shrimp pasta and chicken pasta. I wore Pajama today. Because today was pajama day only one day. My pajama is very comfortable and soft. I want to eat already Teokbokki. I ate caramel popcorn some minutes ago before study hall. I found new online shopping mall to my Chinese friend after amazon. That shopping mall's name is StockX. I always respect my parent and love my family!

- 미국의 16번째 날 1월 23일

Today is Wednesday and ice road. Originally, I don't go rock band club on Wednesday. But teacher said to us "Come to practice about any song tomorrow." So some members of rock band club came in music room after school. And We practiced until 6 p.m. I ate dinner with my classmates. They are from Saudi Arabia. It was good time. Because we talked many things during eat dinner and come south hall. We usually talked about good place of country, want to travel country and traveled country. Today school food was not good. Today weather was not cold more than next yesterday. I can watch drama SKY castle tomorrow. Because if I am on Thursday here, there will be on Friday in Korea. It is very interesting.

- 미국의 17번째 날 1월 24일

Today is Thursday and rainy. Yesterday we practiced in rock band club during long time. I knew about country Dubai of good place from my classmate yesterday. And I let know about Korea, Guam and Cebu of good place that I have been to my classmate. Suddenly, I talked and thought that time in Cebu and Guam with my family. That was very exciting, great and nice. We ate many mangoes and many delicious things in Cebu and Guam. We went to the big shopping mall and small ocean in there. I traveled Guam with my family at 2016, January. Then it already was 3 years ago. I want to go again Cebu or Guam with my family. Nowadays, I dreamt 1 day 1 dream. But I can not remember that after to wake up. Suddenly, I remembered that I traveled Jeju-Island with my family. I want to go again Jeju-Island with my family. I think fact is that if I traveled anywhere with my family, then it was very happy, good and nice. Today weather is pretty many rainy. But I am not so cold today.

- 미국의 18번째 날 1월 25일

Today is Friday and black clothes day. Originally, School start time is at 9:05 today. But Today started at 8:30. Because probably we have home coming party today. I wore black pants, Reebok black shirts and fleece vest. I think this is nice and awesome. I can watch drama SKY castle today. Today weather is not rainy and not windy. I took a new song in rock band club on last Wednesday. This song is so difficult about all musical instruments. So I feel interesting and exciting about this song. This song name is Graduation of HYUKOH. I like band HYUKOH. Last day, We played another HYUKOH's song in rock band club. That song name was Mer of HYUKOH. My younger brother will come home after 6~7 days because he went to camp in Jeju-Island during his vacation. Then maybe he was already there almost for a month and me, too in USA. Adults usually says this situation "time is so fast." Hahaha Oh Nowadays, I dreamt during sleep at night. But I didn't dream during sleep at last night. I like both about dreaming or not dreaming at night. Because both has pros and cons.

- 미국의 19번째 날 1월 26일

Today is Saturday. So I was getting up at 10:7. I went to White Plain with my friends yesterday. Because we want to eat dinner outside at Friday. Friday is restaurant in White Plain. We ate hamburger and pasta. It was delicious better than school dinner. We went to book shop nearby Friday in White Plain after eat dinner. Today weather is not rainy, not windy better than yesterday and nice. I am going to do laundry today. Because I already wore almost all sacks. I can watch drama "SKY castle" today. Why I didn't watch yesterday that? Because yesterday played soccer about Asia world cup 2019. And I have to do practice hard song "Graduation of HYUKOH" in rock band club. I already can play in front of part of Graduation. But I also have to do practice back parts of Graduation. Probably we will make Chinese pancake in 4 floor kitchen. Originally making that would make yesterday after go to White Plain. By the way, yesterday time was late after go to White Plain. So we talked about that "Make that tomorrow". And we all agreed about that.

- 미국의 20번째 날 1월 27일

Today is Sunday. So I went to church right now. Today lunch was Udong in church. I came to write this English dairy in lounge after go to church. By the way, I met my

Chinese math classmate there. She was eating breakfast that time. Suddenly she gave Chinese ramen after finish eating her ramen. So I thanked. I was eating caramel popcorn that time. I shared that, too. Oh I practiced new hard song in rock band club yesterday during almost 2 hours. So I did that almost done. So I was very nice and good. Tomorrow I go rock band club after school. Though I practiced that and felt comfortable. That song was not bad, pretty fine and not so so hard or difficult. Today weather is usually same another day. I watched drama SKY castle yesterday. It was little sad and surprised during watch that. It was almost finishing reversal of reversal in that drama. We don't know happy or bad ending. And it left just 1 episode until finish.

- 미국의 21번째 날 1월 28일

Today is Monday and G day. I went to rock band club after school. And I played little pretty hard song "Graduation and Tiny Little Boy". It was so interesting and nice. Graduation members said "Good jab and Fantastic". This spring vacation is so short. By the way, that made short more than before.

So I felt sullen little. I can see my family just 10 days during vacation. And if I want to see my family again, I have to wait almost during 3 months. I helped my Chinese classmate after rock band club. Because today is 1 floor teacher's birthday. So she prepared pancakes for today. We ate that after surprising. Today I saw many stars in the sky during come south hall after eat dinner. Stars were little more than before. That was still beautiful and exciting. I wore two silver rings today. It was extremely nice.

- 미국의 22번째 날 1월 29일

Today is Tuesday and A day. I had double class is math in A day. We played writing games in community class. The prize was tootsie candy. My Korean classmate gave cherry candy after finish writing games. And he said "Someone gave this to me. But I don't like cherry candy" So I said "Thank you". Candy was long time no see in Korea and here. Fact is that I like snacks. I was very happy. Because I can be with my family more than before. Today weather was snowing and rainy. So I ate ramen from dinner in South hall with my

Korean and Brazil friends. Ramen was pretty delicious and warm. Today we could not go to school and outside. Probably the reason is weather. But we could order at delivery from restaurant. I asked to teacher about spring vacation today. So I can listen answer tomorrow. I wore GAP padding, padding vest, Adidas black pants and yellow cap.

- ### 미국의 23번째 날 1월 30일

Today is Wednesday and B day. So school started at 9:05. By the way I could not eat breakfast today. Because I came on time at 8:30 in 1 floor in the morning. But my friend came at 8:47 in the morning. So I felt very hungry at that time. Today is my Korean friend's birthday. So I send message in Facebook. So she wrote to me special long message. She said "I missed you and I want to see fast." So I was moved. I called video call with my Korean friends during rest time in school today. Don't forget to go to teacher today after school. Because I should listen answer about spring vacation. I went to Talent Tuesday in music room last night with my friend. I played drums in Talent Tuesday with piano. So the audience surprised yesterday.

- 미국의 24번째 날 1월 31일

Today is Thursday and January last day. So tomorrow is February 1st. Double yesterday I heard answer to teacher about spring vacation. So I was nice and awesome. Though I prayed well before eat breakfast, lunch and dinner today. But today school dinner was not good. So I made to eat cheese tuna rice. It was delicious more than today school dinner. Oh I did exercise after school during almost 1 hour. By the way, I felt hard and difficult during running machine. Because that was long time no see after winter vacation. I took a gum to Korean magic person with my Korean friend today. That was new taste, so very delicious. Probably I will go to gym to do exercise tomorrow. I have two quiz tomorrow. We heard to ELAC teacher in ELAC classroom about football day in this Sunday. So we can eat many delicious foods at school in Sunday.

- 미국의 25번째 날 2월 1일

Today is Friday and February. I change big or little things. Because today I went to cafeteria fast to eat breakfast. So I can eat breakfast comfortable and many. So I thought about forward I will go cafeteria fast in the morning. Today I realized about it. I felt much lighter and awesome. Today I wore NewBalance padding, Adidas pants, beige cap and Salezenger shoes with little purple. I like this extremely. My Chinese classmates let know comfortable China app today. And I let know them other comfortable shopping app, too. That was pretty comfortable. Yesterday I colored my shoes from purple pen with my Chinese classmate. Suddenly, she gave small 5 snacks and 2 candies. So I thanked and gave 2 pens about Halloween.

- 미국의 26번째 날 2월 2일

Today is Saturday. So I was getting up at almost 10:21. I will go to cafeteria to eat brunch. If I have some times today, I will do exercise in gym. I ate ramen and choco mochi ice cream with my friends in Japanese restaurant. That was delicious. I think today school brunch was okay. Today weather looks like cold but I think that is not very cold. I watched drama "SKY castle" last episode last night. By the way that was pretty sad and happy ending. Some people like that story. But some people don't like that story. I just like any story about drama. Nowadays, I am drinking water a lot more than before for health. Yesterday I had math quiz. By the way I took perfect score in math quiz. So I felt nice, wonder and awesome.

- 미국의 27번째 날 2월 3일

Today is Sunday. So I went to church. Today church lunch was meat soup and gimchi. I met new Korean friend in church. So that was interesting and exciting. In church played a game of yut from new year celebration. I took Tide about laundry for prize. I won and lost during playing yut with my Korean friends. There were some snacks rice balls, sweet potatoes and carbonated drinks. So I was there until 4:30 p.m. and came back by Uber with church brothers. I heard some information and tip of school to church brothers in Uber. Our south hall almost caught fire last night. I heard because that burning 2 floor microwave to my roommate. We will watch concert about new year celebration in school. I gave small diary to house teacher from her birth with my friend in the morning before go to church. So she said "Thank you very much".

- 미국의 28번째 날 2월 4일

Today is Monday. We watched performance from Lunar New Year after lunch. So we had 30 minutes each class and 7 classes today. Everyone was very busy. We don't have school tomorrow from Lunar New Year. By the way performance was extremely awesome and exciting. Today classes almost played games. Some classmates felt pretty tired today. I felt tired during get up in the morning. Because today is Monday. But we can sleep until late tomorrow. I don't know about do club today or tomorrow. I was moved during watch performance today. Nowadays I eat some snacks jelly or chocolate from 2 floor banding machine. Because we don't have banding machine in 1 floor. But it's okay because there is so near. I will go to cafeteria to eat dinner. I prayed well better than before in cafeteria. OMG I already can have spring vacation after almost 1 month. I didn't know March has only until 28th. It's very cool.

• 미국의 29번째 날 2월 5일

Today is Tuesday and Lunar New Year. We didn't go to school today. Because today is celebration of Lunar New Year. So I was getting up at 10:44 in the morning earlier than my roommate. I will go to cafeteria soon. Yesterday dinner was delicious. Because dinner menu was chicken wings, potatoes and cakes. But I don't know today brunch and taste yet. I think spring will come soon. Because nowadays weather temperature increased more than before. So today temperature was 18 during go to H-mart. If we have spring vacation after almost 1 month, that time will be spring. I ate today brunch. By the way that was not good. I don't know how to get up well tomorrow. I went to H-mart with my Korean friends today. By the way, today weather was very great and nice. I bought Ttoekbokki, some snacks and choco bubble tea in H—mart. That was very delicious. It was extremely exciting and awesome.

- ## 미국의 30번째 날 2월 6일

Today is Wednesday. Today lunch was very not good. So we made tuna salad rice to eat lunch. Probably this weekend will go to ride ski with my Korean friends. I already stayed here in USA during 30 days in this year. So I think time is very fast. I wrote little story about fruits yesterday. I don't have club today so I will do exercise or find horse club. Because I want to ride horse more than before. I took quiz similar test perfect score in math class. Oh I have cup Tteokbokki in my room but I don't know that taste yet. So I hope to taste that delicious. Meanwhile I expected to eat. But I am extremely full now in last class. I bought delicious foods in H—mart yesterday. Today I woke up little early because my roommate got up early. So I thought time to go to school like before. By the way I didn't tired more than my think today.

4. 도전하고 성장하기_ 영어 일기들

Today is Thursday. I will eat cup Tteokbokki on Friday or Saturday. Because I don't have study hall these days at night. Tomorrow I have two quiz similar test in communication and math class. Today weather was little rainy in morning and afternoon. But now is rainy more than before. Today I went to rock band club long time no see. Because this Monday and Tuesday was the Lunar New Year days. I played many songs and heard concert to rock band club teacher after spring break. Also I was exciting and interesting during play the drums in rock band club. Originally I watched drama SKY castle on Friday. That was a little fun. But it already finished last weekend. I wore gray pants, white short—sleeve and brown hood—hatching today. It was extremely comfortable and casual. I didn't wear brown cap today. We played games about English words in writing class. That was funny and awesome. Our team won from cooperation almost 5:2. So we were happy.

- 미국의 32번째 날 2월 8일

Today is Friday and G day. Today I had math quiz in math class. By the way, first class was math. Breakfast was normal. Today weather is a lot of rainy and a lot of fog similar last night. Second class is Geography. It's now. Next class is maps because today school started 8:30 in the morning. We played games continuing last class in writing class again. But we changed team and games today difference last class. Our team lost almost 4:2 today. I think this game needed lucky. By the way other team was lucky today. But that was frenetic more than before and awesome. Today I wore gray hoodie, Adidas pants, big fleece, and Adidas shoes. I like this fashion because it was comfortable. I don't have club today. I can sleep late tomorrow. Because tomorrow is Saturday. I don't know what time I will get up tomorrow.

- 미국의 33번째 날 2월 9일

Today is Saturday. I can sleep until late today so I got up at almost 10:47. I went to RoseHill with my friend last night after eat dinner. I think Jesus has plan about me. So I can always be positive. Today weather was normal windy and much sunny. I bought sour jelly in RoseHill last night. The jelly was delicious and very sour. I called with my Korean friend yesterday. By the way, my Korean friends have vacation during 2 months. So I envy that but I heard to near other school friends already finished vacation. But they go just for 1 week then they have vacation again. It was interesting. I go to church tomorrow. I ate cup Tteokbokki at dinner time with my friend today. By the way, that was not delicious. The taste was not Tteokbokki. I took fresh surprised after eat that cup Tteokbooki. I want to eat Tteokbokki that my mom made. Because it is very delicious.

- 미국의 34번째 날 2월 10일

Today is Sunday. So I went to church with Korean tall brother. Because Korean other brother slept late and Korean friend practiced cello in music room. He let know about coding and computer talk. I learned many things from that. He said "I want to don't make sick people". I realized something after hear that. I want to do tasks that I learned today hardly. Today weather was cold and windy more than yesterday. I didn't know I have spring vacation soon after almost 1 month. My younger brother already learned coding. I think it will be helpful in the future, if he didn't forget it during long time.

- 미국의 35번째 날 2월 11일

Today is Monday. So everyone is tired and want to sleep more. But I was okay after 2 or 3 classes in school. I learned some computer information yesterday. Because church brother let know some about it. I am going to go to rock band club then I will practice drums about songs for concert. Today weather was not windy and not cold more than yesterday. I am thinking about go to night sport soccer at Wednesday night. I think many people don't know this soccer activity. Because I was too. I played basketball with my classmate in gym last Saturday. So I met new Chinese friends that time.

Today I had double math time. That was fun and awesome. Because there are many people and my old classmates. We listened to the Korean music together at rest time in math class. My Chinese classmate gave candy and my Vietnamese friend gave jelly. So I thanked. I ate ramen from E-mart with my friend. I felt nice during wait microwave oven. Because it is very delicious.

• 미국의 36번째 날 2월 12일

Today is Tuesday. But we don't go to school today. Because today weather is much snowing. So we heard that last study hall time yesterday. I got up at almost 10:50 and look outside from window. By the way, I was pretty surprised and interesting. Because I didn't know snowing is coming much. Now snow covered almost all ground on here. I think other places in USA are almost all ground too. I helped recording drums in drama club with guitar member in rock band club almost all day. Because our club teacher recommended me and him for drummer and guitarist to drama club. That was extremely awesome and nice during playing drums. Because the song was challenge to me. But I didn't have time for classwork today. I played snowing slides and balls with my old classmates after helping drums to drama club. Snow was very cold but I forgot that during to play from snowing with them. I don't know we can go to school tomorrow. Because snowing came so much during all day.

- 미국의 37번째 날 2월 13일

Today is Wednesday. Today school started at 10:20. Because snowing came much yesterday. So we didn't go to school yesterday. But we had some classwork until almost 4 p.m. so I was pretty busy. I almost could not eat breakfast today. Because I didn't know today breakfast time. But our house teacher let know that so I could eat. Today I was very awesome and great. Because we took pictures and videos in classes from snowing. That was fun and exciting. Oh I had rock band club after school today. I didn't know that but I went to music room. My club teacher said to me "Yesterday recoding drums was good and nice." So I said "Thank you". Recording drums was very cool. I ate dinner with my friends. We rode similar ice skate moment after eat dinner during come south hall.

- ## 미국의 38번째 날 2월 14일

Today is Thursday and Valentine's day. Today school lunch was extremely amazing. Because lunch menu was pizzas and chocolate castle. Our class teachers gave some chocolates and candies. I took some candies to my Japanese classmates in class. I went to rock band club after school. I played drums kinds of acoustic song with contrabass and ukulela. I took extra credit in reading class today. Because reading teacher said to us "If you want to get extra credit, come here after school." So I went to reading class after school and before rock band club. But I think other classmates forgot it. I was pretty awesome and interesting about extra credit. Drama club teacher called me and electric guitarist again. Because we left one more song that need recoding drums, guitar and piano. So we went to other music room during rock band club. Nowadays I have some important test in math and geography class.

Today is Friday. I was not tired better than other day during get up in the morning. We don't have school at Monday. Because next Monday is president's day. Today I had math quiz last class. By the way, I worried little about that. But I took perfect score in math class. So I was extremely nice and awesome. I wore my favorite jacket, Adidas pants, Supreme sacks, Vans sleeve shirt, beige cap and two rings. I have to do laundry tomorrow at Saturday. Because I wore almost all sacks. Today lunch was not good. Because the menu was strange bread. I couldn't feel any taste. I didn't know that already passed 39 days. So I thought again "Time is very fast." I am thinking about my future for a moment. I asked to myself "What do I want to do in the future?" I already have many things that I want to do, but I don't know my passion yet.

Today is Saturday. I am thinking about today works that is laundry and practice coding. I went to Rose Hill to eat

Asian Wave with my friends yesterday. It was extremely fun and awesome. I was getting up at almost 10:32 today. I am doing message by English with my Korean friends. It was interesting. I called video with my younger brother last night. By the way, my younger brother showed Korean house and Tteokbokki during to call video. So I missed that. I want to eat Tteokbokki that my mom made. Because it is the best of best to me. I heard that someone said by accident last night "If you want to do something, you should do crazily." So I was impressed at that time. I didn't know about already passed 40 days in here. I can meet my family after 26 or 27 days. Yay!

- 미국의 41번째 날 2월 17일

Today is Sunday. So I went to church with Korean brothers some minutes ago. They let know about 9 grades during to come here by Uber. I did laundry hard and studied history yesterday. I ate Chinese ramen by bowl with my old Chinese classmate and my Vietnamese friend. It was extremely awesome and fun last night. I met my Chinese classmates before to go to church during to wait car. Today church lunch menu was spicy soup, Odeng and kimchi. It was pretty delicious with my church friends. I don't go to school tomorrow. Because I heard tomorrow is President's Day. So I can sleep until late. I have important 2 tests in math and Geography at Tuesday. So I am worried little about it. I didn't know about left 25 days from spring vacation. But I heard to church friends "We have spring vacation during 1 week." So I was surprised. And they have vacation again at next month during 1 week.

- 미국의 42번째 날 2월 18일

Today is Monday and President's Day. So we don't go to school. I was getting up at almost 10:37. Yesterday I went to Rose Hill and gym with my Chinese classmates. We bought pizzas, chickens and bubble tea in Rose Hill. It was extremely fun and exciting. We will go to Manhattan at next Saturday. Because we want to buy something like hat or shoes or clothing. I am expecting it. We will use by train to go to Manhattan. Because Uber is very expensive from school to Manhattan. So my Chinese friend let know going way to us. My other Chinese friend let know Chinese song of my favorite Chinese drama last night. It was little difficult and interesting. We played soccer and basketball in the gym yesterday. We took a lot of pictures in Rose Hill and gym. She gave a Coca-Cola before going gym. And he bought some snacks almost 86 dollars at the supermarket in Rose Hill. We felt interesting at that time. I didn't sleep well last night. Because I did exercise hard in the gym. So I felt sick my legs during sleeping. But it was okay soon after some minutes.

- 미국의 43번째 날 2월 19일

Today is Tuesday. But I was tired like Monday. Because we didn't go to school yesterday. So I was difficult to get up in the morning like Monday. Other friends and classmates were same feeling with me. Nowadays, I want to eat Tteokbokki that my mom made as soon as possible. I don't know today school lunch menu yet. Today I wore black winter pants, white fleece, orange sleeve short, beige cap and kaki jacket.

I like quite this fashion. I am good at praying before to eat breakfast, lunch and dinner. I almost ate up all Korean foods that I brought in Korea. Today school lunch menu was BBQ, potatoes and cheese pasta. It was delicious. But BBQ meat was hard and little being burnt down. Probably I will go to Supreme store in New York City at Saturday with my Chinese friends. I am expecting Supreme store. Because it will be first time.

- 미국의 44번째 날 2월 20일

Today is Wednesday and happy snow day. My classmates were tired like Monday in the morning. School was until lunch time at 1:30 and finished today school reason of snowing. It was extremely nice and amazing. I went to music room after school. I played the piano during almost 2 hours and drums during almost 1 hour. I did master classic music "Summer" today. I will go to Supreme store at Saturday with my Chinese friends. We are left only 3 weeks and 2 days from spring vacation. But we have important test before spring vacation. Anyone like test. I forgot today lunch, but dinner was not bad and little special. I am going to go to rock band club after school tomorrow.

Today is Thursday and delay day because it snows. So school started at 10:20. The students who take art subject go to Art Trip today. I heard to my friend this. I ate lunch with my Chinese friends today. They are also my classmates. It was fun and awesome. Today I didn't have rock band club after school. Because rock band club teacher said to us "Today condition is not good, so we don't have club today." My friend called me after some minutes. So we went to Rose Hill before dinner. She bought milk and I bought caramel popcorn. During coming back to school, I met friend who looks like Ariana Grande again and we greeted. I ate dinner with my Korean friends after Rose Hill right. Today menu was not good. So we went to E-mart where next to cafeteria and bought Yakisoba that is similar ramen. It was very delicious more than today school dinner. I have little much homework and important quiz or test tomorrow in math class. So I am actually worried little about the test.

- 미국의 46번째 날 2월 22일

Today is Friday. I was not tired during to get up in the morning. I don't know reason. It is very interesting. I will go to Supreme store with my Chinese friends tomorrow. I feel extremely awesome and interesting. Also, I will go to H-mart with my friend soon. I will buy Korean foods like snacks there. I was watching School Rapper3 by my phone. It was just 1 episode yesterday in Korea. I had math exam and double math class from lunch time. I took perfect score in math exam. So I was good and nice. But it was pretty easier than before. We played games about English sentences in writing class. It was exciting and great. Nowadays, I have very much quiz or test. I think the reason is spring vacation soon. I felt happily about spring vacation soon. On the one hand I don't like quiz or test. I think it is same thoughts with many people. I counted date about spring vacation now. By the way, we are left only 20 or 21 days.

Today is Saturday and busy. Because I had some plans with my Chinese friends. That go to Supreme store in Manhattan by train and subway. So we started here at 10:20 by school taxi. I helped to get up one Chinese friend probably at 9:47 in the morning today. We were interesting and exciting because we were first time by train and subway in USA. We went to Supreme store after to arrive there first. By the way, we needed yellow tickets for to go in. And we have to come here tomorrow 11 o'clock. So we was little disappointed at that time. But we went to Nike store right after that. One Chinese friend bought two things and I bought one bag there. And we just looked for other store and other clothes. Then we felt hungrily after to look for. We went to Macdonald to eat hamburger nearby there. We found good stores about snacks or clothes during to go Macdonald. Other Chinese friend bought two toys in jelly store. We almost lost way in subway station, but my Chinese friend found way by Google maps fortunately. I had extremely great and awesome day with my Chinese friends. I also took a video the moment in Manhattan. And I uploaded it in Youtube. It will be good memories when we watch this again in the future.

- ### 미국의 48번째 날 2월 24일

Today is Sunday and rainy. So I went to church with Korean tall brother. Other brother who usually went to church together didn't come to church today. Because I heard to church teacher he is sick today. Today church menu was jajang and curry. They were long time no see. I realized some interesting facts during to come school with Korean tall brother. Because he said "I study for 10 hours." So I asked "Then how many do you sleep?" He said "I sleep for 5 hours." I felt surprised and amazing. So I want to do something hard like him. Also, I was confused from this question to myself "Can I do that?". But I thought like this at that time "I can do it, just try!". I want to be knowledge about a field. Then I have to study very much about it. I realized again from great people "Success is not easy."

Today is Monday. Today weather is little sunny and many windy. I can feel little cold today. Today is picture day from last name start K. I think the picture was fine. I took two pictures with photographer. I wore similar last Saturday. At that time I went to Manhattan with my Chinese friends. I adore the fashion from Manhattan last Saturday because it's cool. I have important test in Geography today. Geography is double class from lunch time today. We left only 19 days from spring vacation. Also, we have so much test in class. Honestly I worried Geography test in double class. Geography test was so long, but it was not bad. Today lunch menu was ham and chocolate dessert. Reading test was not bad like Geography test. I called with my family and my Korean friends. It was extremely awesome and long time no see. Nowadays, I was busy from much test. But I think today is little okay because I already took 2 tests.

• 미국의 50번째 날 2월 26일

Today is Tuesday. Today weather is much windy and little warm. Nowadays I feel like this "Time is fast." because spring vacation left only 17 days. Today school lunch menu was not bad more than yesterday. I have important concert at March 11th in rock band club. Originally, I knew that the concert is at April 11th. So I should practice hardly the songs. I heard that concert is in university. And club teacher said "We have to practice everyday after school." Because we are left only 12 days from concert. I don't know correctly about the concert. I play many and various songs in this concert. So I am worried and extremely nice about this concert. I am expecting Graduation in many songs especially because it was difficult from every instruments. I had one more song from HYKOH which I took yesterday. The song name is WingWing. I think the song is harder than Graduation. Because it is different beat with normal songs. So I don't know can I practice perfectly this song. But I will try and practice hard many time.

5. 모험하고 더 큰 세상 만나기_ 영어 일기들

• 미국의 51번째 날 2월 27일

Today is Wednesday and snowing for a moment. Originally, I didn't have rock band club after school at Wednesday. But we have important concert after around 12 days. So we have to practice that for important concert. I talked Youtube video to my family and my friends. I increased subscribe, watching number and like emotion in Youtube. I played soccer after rock band club with Vietnamese friends in the gym. I ate dinner in cafeteria with my friend and my classmate. Really we are left only 16 or 17 days. Time is extremely fast from when I came here first time. I can remember coming here with my family first time. Sure I feel comfortable more than Korea. Because in Korea I should study hard from academy after school. Here is different with Korea. I can think about my future and what do I like really.

I was little confused about this thing before. But I think this is good thing in my life. Because I can go one step further through this process.

- ### 미국의 52번째 날 2월 28일

Today is Thursday. Today writing teacher asked me, "Can I use your story in class?" I said "Sure!". Teacher introduced 4th video with my story in class and said to me "Great job!", so I was very happy. Tomorrow is March 1st. We are left 15 or 16 days from spring vacation, so I feel awesome and nice, but I have important concert in rock band club and important test in school before spring vacation. I go to Canada during spring vacation with my family. It is first time to go Canada. I heard Canada is interesting and exciting. So I am expecting Canada. I saw my Geography test score. It was good, so I was surprised. I have one more test on next Monday in Geography class. I am going to go to rock band club after school. I wore grey hoodie and Adidas pants. I didn't wear beige cap today. Today lunch was fine and felt full because it was hamburger and potatoes.

Today is Friday and March first time in 2019. I woke up at 6:17 in the morning. Reason of my roommate alarm. But I slept again at that time. I got up at 8:57 in the morning, so I prepared extremely fast. Because I thought I am almost late. But my Korean roommate let know delay day today, so I was comfortable and nice. I want to buy Yeezy boost 350 v2 little. I will ask to my Chinese classmates how to buy the shoes in online. He knows well about shoes because he likes shoes. I am thinking what color that cream, butter, frozen yellow and zebra of shoes. Today is first time awaking until 1 at night. I prayed like normal and studying before sleeping today, so I will sleep after studying little. Because tomorrow is Saturday. I don't know well about what I should study first now. I am left only almost 14 days from spring vacation. I am expecting Yeezy Boost 350 v2 at spring vacation with my family. I was watching "School Rapper 3" episode 2 at the moment. It's interesting.

Today is Saturday. I can not believe that spring vacation is after 13 days. Vacation of my old school in Korea finishes after almost 2 days. I heard it to my Korean friends. I went to Rose Hill after school with my Chinese friends. There are also my old classmates. And we played snowball during going there. Important concert in rock band club is coming soon, so I should practice more than before. I play many songs in this concert, probably least 6 songs. I am worried little. Also, I believe myself. I slept for half of 5 hours last night. I will try to study long today like church brother. I am going to include this time for English daily and studying geography test at evening. Nowadays, I have interest about Yeezy boost 350 v2. First time I saw it my feeling was just not bad, but it is nice now. I want to buy it, but I don't know well my US feet size. I almost forget weekend homework in ELAC and grammar classes. I thought "I can do it, why not?" after reading "The Miracle". This is one of books that my father recommend. I will try to reduce using cell phone times from now on because I want to use time wisely.

- 미국의 55번째 날 3월 3일

Today is Sunday. I went to church with Korean tall brother in the morning. I went to Japanese restaurant with my Korean friends last night, so I ate Japanese ramen for dinner. Probably I will go to Rose Hill for exercise or foods with my friend. We thought tomorrow will be snow day, so we expected tomorrow will be delay day or no school. Today weather is not cold and not windy, but at evening will be snowing 100% according to weather cast. Nowadays, I am thinking my future and what I want to do. My friends in Korea go to school today because they finished vacation today. So they are expecting going to school after some hours. Yesterday I studied almost 9 or 10 hours. It was proud of me and awesome. I will try to study 12 hours like Korean tall brother. He let know about data scientist before. This job is famous. Also, it was interesting. I will find my passion soon because I'm trying. I ate delicious soup at church, but I don't know the soup's name.

- 미국의 56번째 날 3월 4일

Today is Monday and snow day. So school started at 10:20 in the today morning. I felt comfortable and awesome about it. Nowadays, I am thinking my future and job. I studied python and ruby during 3 hours at evening. I success opening python and ruby last night. Today I had Geography word matching test, but that was not bad. I played drums hard with band members in rock band club after school. I rode snow slides with my friend at the hill after rock band club. Snow slides was fun and exciting. We were lying on the snow and saw in the sky, by the way the sky was really fantastic and amazing. It didn't have cloudy and just sunny at that time, so I took pictures. Today classes were not much homework, but have some test or quiz. I found good song from Korea right now and this song is first of Melon chart now. I wore white warm hoodie for playing snow today. So my hair was tangling and wetting from snow. But it was really excited and interested.

- 미국의 57번째 날 3월 5일

Today is Tuesday. I went to AI club first time after school instead of rock band club, by the way the context was little hard. Also, it was interesting from hard. I had structure study hall with my Hongkong classmate in math class today. I fell asleep during watching python and ruby video last night. We are left 10 days from spring vacation, so we are having final exam at classes. Probably final exam will start tomorrow. I practiced song "Shallow" with music teacher who manages music rooms for Talent Tuesday, so I ate dinner late from practicing today. I eat with York mint chocolates nowadays. Originally, I didn't like mint chocolates. But I like that now with age. My Vietnamese friend is roommate of my Chinese friend. So it was interesting. I am going to go to rock band club after school tomorrow, and then I will go again at Thursday.

- 미국의 58번째 날 3월 6일

Today is Wednesday. Today weather was −11 and cold. Yesterday I got a juice to my Vietnamese friend. I went to

rock band club after school because I have important conc-
ert from rock band club next Monday. Today was first time
in writing class that I had final test this year. It was not bad
and I got a perfect score. We are left around 9 days from
spring vacation, so I can not believe it. Nowadays, I am stu-
dying Python&Ruby about AI during least half of 1 hour or
2 hours at night. I don't have homework, but I have some
final test each class. Now I can play the piano "Summer"
perfectly. Originally, I can not play this song both hand
together, but I tried to play again and practiced. Today lunch
was not bad because it was shrimp sea pasta and garlic
bread. I listened new song from Korean idol with my Korean
friends in music room. I heard to my friends in Korea about
my old school situation after to finish vacation. I have to
study test of several classes until before spring vacation.

• 미국의 59번째 날 3월 7일

Today is Thursday. Probably next day is last weekend bef-
ore spring vacation, but it's not last weekend to me. Because
I meet my family at 18th. I will go to White Plains with my

friends because my friend birthday is at Tuesday, but we can not celebrate at that time from final test. I went to rock band club after school, by the way it was so professional and awesome through finishing song "Mer". Today was last practice in rock band club before important concert. It will be in school like street concert at Monday. Its name is Arts Night. I can not have study hall at Monday because the concert will be until 10pm. We are left 8 days from spring vacation. I'm expecting to meet my family and to buy Yeezy boost 350 v2 with my family in spring vacation. I left 5 subject tests until spring vacation. In Korea, I took tests during almost all day, but here is 1 day 1 subject test, so I like it.

- 미국의 60번째 날 3월 8일

Today is Friday. I have spring vacation after a week from today, so tomorrow is last weekend before spring vacation. I studied grammar during around 2 hours before Python&Ruby. I can think it was real studying. I lied on the snow at evening and saw stars in the sky with my friend.

I also rested after exercise hard in the gym. Stars in the sky was amazing and surprised. I had communication test in double class. It was not bad. I went to Rose Hill with my Chinese friends after last class that math. I knew name of delicious foods from my Chinese friends. This will be last time of Rose Hill in this term because spring vacation is soon. Nowadays I want to study difficult thing. I know that will be hard, but I just like trying. I already passed 60 days after winter vacation. I want to realize and find my dream about what kind of that because then I can do hard that.

- 미국의 61번째 날 3월 9일

Today is Saturday and my friend birthday, so we went to H-mart and bought cake and bread in Tous Les Jours. We wanted to surprised her in front of her room. We ate cake with other Chinese friends together after that. I am full now from 2 cakes and bubble tea in H-mart. Today I could not study many times, but it is okay because spring vacation is after 6 days. Nowadays my interest is studying develop for my knowledge. I don't want to waste my valuable time.

I learned many things about life from struggling. I think it is also valuable experience to me. I left 5 tests each classes before spring vacation. I brought 2 bananas from cafeteria at brunch time. I don't know what should I study first for me. I will get earplug to study well to my family from Korea at spring vacation.

• 미국의 62번째 날 3월 10일

Today is Sunday, so I went to church with some Korean brothers like usually. Today church lunch menu was chicken soup that is one of Korean traditional foods. It was amazed and surprised. Today I met new various people in church. My Vietnamese friend and Chinese friends called me after I went to church. We ate chicken and Fire Chicken ramen during to watch horror movies. Also, we went to gym to exercise. We ate some snacks in 1 floor lounge after exercise. I have important concert that Arts Night in rock band club tomorrow, but I practiced lastly before 3 days in the club, so I think I almost forget the songs. However, it's okay because I can practice without drums just with motion. Hyukoh songs are pretty important in this concert because the songs are extremely fantastic and nice.

- 미국의 63번째 날 3월 11일

Today is Monday. Today school time was extremely fast unlike usual Monday. I have important concert with 8 songs in rock band club today. Many people came to watch our performance around at 6. I went to cafeteria for rock band club after school because the concert was in front of cafeteria like street performance. We practiced songs from after school to before dinner, so I could not eat dinner long. I didn't have test today, but I had geography group presentation. My Chinese friend let know Flight Club that shoes store in class. Tomorrow I will eat pizza in reading class after finishing pizza project. It's cool. Many people said to me after Arts Night concert "Good Jab!", so I was exciting and interesting. We are left 3 days from spring vacation, so I can not believe it still. Final test have finished except left 3 subjects. I didn't hear wrong to rock band club teacher about April 11th. He said to us "We have recoding at April

11th. Don't forget it." I want to say to Jesus like this "I am thankful belong to rock band club." Because I experienced many things through rock band club. I will sleep early tonight, so I will try to get up early tomorrow.

- 미국의 64번째 날 3월 12일

Today is Tuesday. I went to AI club instead rock band club, because today didn't have rock band club from yesterday concert. Today I followed tasks well in AI club better than last time, so I felt nice and interesting. Today was kind of pizza day because I ate pizza at lunch in reading class and at dinner from Korean teacher. I think Korean teacher gave pizza us from spring vacation. We are left only 3 days from spring vacation and almost finish final test after 2 subject tests. I think I played drums well with band members in Arts Night yesterday, so I was awesome and happy with band members. Honestly, I was serious before starting the concert, but I overcame that. So I was proud of myself. It was one of good experiences.

15살이 쓴 미국 유학 도전기 • 231

Today is Wednesday. Today I was tired and cold in the morning when I woke up. Today weather is not cold and strong sunny, so I wore The North Face jacket and Adidas black pants. I went to Rose Hill with my Chinese friends after school. I think final test was not bad and fine, but I left 1 subject that math yet. I will go to rock band club after school because it is last time before spring vacation. Really I can not believe that spring vacation is after 1 or 2 days. Nowadays I found many good songs. I heard some students lost laptop almost 7 times in school, so I thought I should be careful. Long time no see I saw my family and my friends video in my galley. That made me like this "I miss my family, my church people and my Korean friends." I will try to say to my family "Love you!" at least once a day during spring vacation. Here life isn't bad, it's good. But it is always normal and my roommate also said same. Because I think it is a boarding school.

Today is Thursday. Really soon is spring vacation. I will finish finial test today that 1 subject, so I can sleep many time at Saturday. Many students are going at this weekend. Weather is not cold and the highest temperature is 13, but it has could. I wore stripe T-shirt, grey thin pants, and beige cap today. Final test until now was not bad and good, but I don't know well about math final test because I have many units in math test. I read bible every day. I entered new unit last night. If I get not good score, I will study that harder. I have spent money this term more than last term. Maybe reason of foods. Nowadays in many classes watch movies or play games about English because spring vacation is after just 2 days. I got perfect score in math final test. Math was last subject of final test, so I felt extremely nice and good. I got perfect score in grammar final test, too. I also got good score in other subject of final test. I think every classes will watch movies tomorrow because tomorrow is last day of school in this term.

- 미국의 67번째 날 3월 15일

Today is Friday and starts spring vacation after school. This spring vacation is short, so some students stay here. I am packing my bag slowly because I still have time, so I feel comfortable. I can not believe spring vacation now. I will be busy during spring vacation. This weekend will be extremely free and comfortable. Many students already went or are going. I don't know about school foods tomorrow. I can see my family after 3 days because my family will come after church at Sunday. So I am expecting to meet my family soon. My laptop is little crazy some times ago, so I am thinking about Apple MacBook. I want to develop English listening skill like native. I don't have any homework in this spring vacation, but I have just one preparation for PPT in communication class. I ate Dunkin Donuts during to watch movies in classes today.

- 미국의 68번째 날 3월 16일

Today is Saturday. I woke up at around 7:25 because my roommate was ready to leave. I fell asleep again. I woke up at around 9, by the way many students finished ready to leave and left already at that time. However, I don't need to hurry because I still have time like 2 days. Originally, I wanted to sleep more, by the way the mind disappears after to brush my teeth. I have worn Campion warm shirt, so I didn't feel cold in the morning. My Champion shirt is soft, comfortable, and warm. I will study English listening with English movie or drama after this and brunch. I am thinking to go to Rose Hill for exercise. Korea is dangerous now from bad air. Yesterday I wanted to eat Korean meat and Tteokbokki during to call my family. I am still thinking about my passion nowadays. I think we always need patience to do well something, there is no exception.

- 미국의 69번째 날 3월 17일

Today is Sunday, so I went to church with Korean bro-ther. I played ping pong with church children before lunch. Church lunch menu was green soup and ham, it was deli-cious. I played motion games with church babies after lunch. I was extremely fun and interesting. I watched a commercial about parent's day in church, it was very sad and moved me. I saw sky during to come back from church, by the way air was really good and cloudy was a few in the sky. I thought environment in USA is better than Korea surely. Nowadays I am lazy because final test finished and spring vacation. So I wanted to exercise, but gym had closed since last night. I am listening city pop first time from Youtube. Tomorrow I will meet my family, so I am expecting and great. I think we will eat Asian Wave after meeting because restaurant that near here is only there. Then I will recommend delicious menus to my family. I jumped rope 500 times a day in the gym for two days, but as I said above, I can't do it anymore because the gym had closed since last night.

15살이 쓴
미국 유학 도전기

초판 인쇄 2020년 9월 17일
초판 발행 2020년 9월 24일

지은이 김하은
발행인 (주)플랫폼연구소 | **출판등록** 제 2020-000075 호

전화 010-3920-6036 / 02-556-6036 | **팩스** 050-4227-6427
이메일 pflab2020@naver.com

주소 서울특별시 강남구 역삼로 220 홍성빌딩 1층

ISBN 979-11-970672-4-2 (43300)